The Charm of Egypt

—Il Fascino dell'Egitto—

THE CHARM OF EGYPT

by
Filippo Tommaso Marinetti

Dual Italian-English Translation

Translated by
Lance L'Apollon

Illustrated by Branka Ryan

ANTELOPE HILL PUBLISHING

Copyright © 2021 Antelope Hill Publishing

Third printing 2022.

Originally published in Italian by Arnoldo Mondadori Editore, 1933

Translated into English 2021 by Lance L'Apollon

Illustrated by Branka Ryan

Cover art by Swifty
Edited by Rollo of Gaunt
Formatted by Margaret Bauer

Antelope Hill Publishing
Antelopehillpublishing.com

Paperback ISBN-13: 978-1-956887-31-0
EPUB ISBN-13: 978-1-953730-53-4

Dedicato alla mia musa focosa, Etna

Contents

Translator's Note

During the length of my imprisonment in this modern world, and it feels like it has been a lifetime, I often dreamed of beautiful images of battle, power, and action. In our era, with no great struggle, we are robbed of our call to superhuman beauty and strength, deprived of heroes, of violence, and of will. In the same way, I assume you too have shared my cell, constricted and deprived of vitality.

A righteous spirit has been entrapped in these pages without having been discovered by the Anglophone world for almost a century. Therefore, I felt duty bound to do my best to translate these powerful words for you, so that you may rekindle that great spew of fire that your heart, as a lion cub, once knew.

Filippo Marinetti was the founder of Futurism. He too longed to break away from a world that threatened to snuff out all great spirits with its suffocating sclerosis. This is one of those shreds of will left over to us.

To capture his sentiment, my English translation is accompanied by the original Italian text on the adjacent page so that you may appreciate the poetry of the language in its original form. I have spent some time in southern Italy and have studied the language, but I am little more than a dilettante translator. My efforts however, to my estimate, accomplish their goal: to reveal this sprite of furious life to those few warriors who are worthy.

I dream one day there will be magnificent fighters mounted on steel Valkyries who will cleanse the world of its decadence and feminine softness. I will it to return to a world of great power and manly deeds.

Young warriors, take this book and let these lines of action run through you like electric light. Become that which we could only dream of.

Lance L'Apollon

Il Fascino dell'Egitto

The Charm of Egypt

Ultimi Brandelli Nostalgici Di Una Sensibilità Futurista

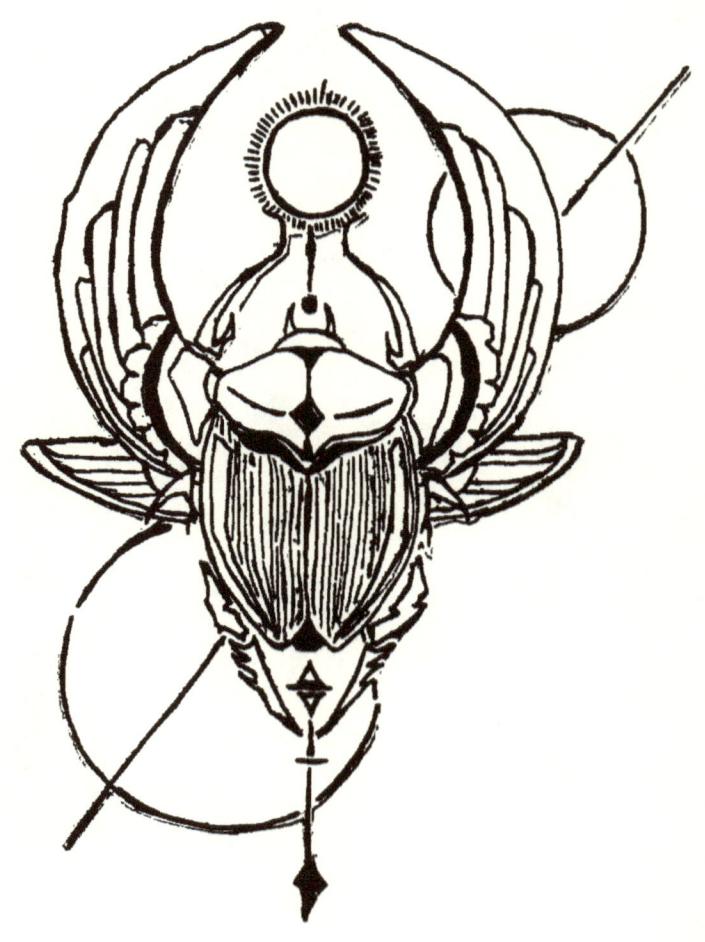

The Last Shred of a Futurist's Sensibilities

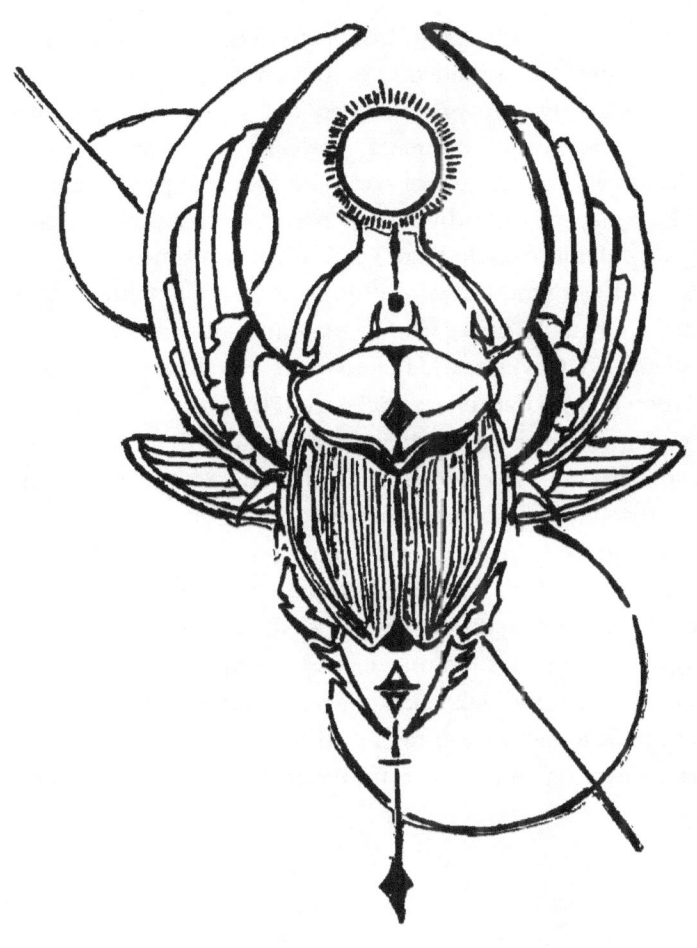

Ritornavo dopo molti anni dinamici e creativi verso un punto fermo di contemplazione: il mio Egitto natale.

Da tempo mi chiamavano i suoi cieli imbottiti di placida polvere d'oro, l'immobile andare delle dune gialle, gli alti triangoli imperativi delle Piramidi e le palme serene che benedicono il grasso padre Nilo allungato nel suo letto di terra nera e di erba verde.

Il nome e il rullio della nave *Helouan* già evocavano il languido ritmo navigante delle sabbie e le grandi ali di tela dei molini a vento del Mex che avevano protetto dal sole i miei giuochi infantili. La temperatura del mare e dell'aria si addolcì come se dentro vi palpitassero le guance accaldate delle mie pupe. La mia sensibilità si lacerò e ne divenni la pensante ferita aperta per tentacolare coi miei brandelli vivi l'arco dell'orizzonte marino.

Con grazia per non straziarle afferravo di tanto in tanto quelle vibranti listine della mia carne sventolate dalla velocità. Uno strano desiderio di evasione le fa impazzire. Più di tutte si agita il lungo roseo ricordo del collegio dei gesuiti francesi coll'immenso cortile vigilato dalle palme, l'intrico schiamazzante di nude gambe veloci, colli alla marinara, parabole di palle che si tuffavano in un folto paradiso verde di sicomori magnolie e bambù.

Ecco vi rinasce la profumata e sonora festa del Sacro Cuore. L'altare tutto carnoso di gelsomini era annidato nel fogliame di un baobab, il cui tronco grondava di petali di rose. Nel caldo pomeriggio di maggio le fiamme dei ceri, i lampeggianti tintinnii degli incensieri e le rapide tonache vermiglie tanto inebriavano le tortore appollaiate su gli alti regimi di datteri che il loro tubare d'acqua voluttuosa rimescolava fino allo spasimo i nostri sensi bambini.

After many dynamic and creative years I returned to a fixed point of contemplation: Egypt, the land of my birth.

For a long time its skies filled with placid gold dust, the motionless waves of the yellow dunes, the high imposing triangles of the Pyramids, and the serene palm trees that bless the fat father Nile, stretched out in his bed of black earth and green grass, have been calling me.

The name and the roll of the ship *Helouan* already evoked the languid sailing rhythm of the sands and the large canvas wings of the windmills that had protected my childhood games from the sun. The temperature of the sea and the air softens as if the heated cheeks of my pupae were palpitating inside. My sensitivity tore apart, and I became its thinking open wound, charged across the arch of the marine horizon with my living shreds.

Gently, so as not to tear them, I grabbed from time to time those vibrant undulating strips of my flesh. A strange desire to escape drives them mad. Most of all, the long rosy memory of the French Jesuit college is stirred, with its immense courtyard guarded by palm trees, the clamoring tangle of fast bare legs, seafaring necks, parabolas of balls plunging into a dense green paradise of sycamores, magnolias and bamboo.

Here the fragrant and sonorous feast of the Sacred Heart is reborn. The altar full of jasmine was nestled in the foliage of a baobab tree, whose trunk dripped with rose petals. In the hot May afternoon the flames of candles, the flashing tinkling of the censers and the quick vermilion cassocks so intoxicated the turtledoves perched on the high regimes of the date-trees that the sensual gliding of their talons over the water stirred our children's senses to the point of agony.

Quel lunghissimo nastro di carne portava inoltre microscopicamente ricamati il nostro furibund giuoco della guerra coi due eserciti di scolari tutti armati di uno scudo di ghisa crociato, il mitragliamento sanguinoso di palle di cuoio imbottito e i giocondi gesuiti trentenni che, bagnati di sudore, maniche rimboccate e tonaca nera rialzata sulle libere gambe, capeggiavano correndo attacchi contrattacchi inseguimenti e zuffe vorticose.

That very long ribbon of flesh also bore, embroidered with memories, our furibund game of war with two armies of schoolchildren all armed with a crusader cast-iron shield; the bloody machine-gunning of padded leather balls, and the cheerful thirty-year-old Jesuits who, wet with sweat, with rolled up sleeves and black cassocks raised on their free legs, make running attacks, counterattacks, pursuits and whirling fights.

A Floating Chapel of English Sailors

Si torceva intanto davanti ai miei occhi di sogno un altro filo nostalgico della mia carne ed era la lenza di mio fratello Leone calata nell'acqua già carica di tenebre del porto di Alessandria sotto la naufragante raggera bianca del sole già tramontato. Mio fratello pescava, io sognavo odiando la pesca, il servo sudanese in galabieh bianca preparava l'esca. La barchetta nostra urtava di tanto in tanto la chiglia grigiastra e tetra della galleggiante cappella dei marinai, le cui palpebre abbassate non ci rivelarono mai, in tanti pomeriggi, ombra di equipaggio né devoti.

Un altro brandello della mia carne aveva l'odore aspro melato e corrotto delle gaggie che schizzavano fuor dalle griglie del giardino Antoniadis per provocare l'acqua casta e cieca del canale Mahmudieh, i suoi bufali neri in cresta al casupolame di bovina e sterco di cammello.

A dieci miglia da Alessandria, col rullare lentissimo della nave l'ondulato bluastro mercurio del mare saliva e scendeva nel termometro del finestrino. Magicamente l'orizzonte marino si crestò di palme. La nostra prua abbassandosi se ne adornò. Nel rialzarsi stemperava a sinistra dei fumi che si arrampicavano sul tramonto nuvoloso. Ogni tanto il mare a destra offriva al taglio della prua il suo orlo di dune bigie che i proiettori del sole, giù dalle feritoie delle nuvole, imbianchivano e inzuccheravano.

Meanwhile, another nostalgic thread of my flesh was twisting in front of my dreamy eyes; my brother Leone's line plunging into the already dark water of the port of Alexandria under the sinking white sunburst of the already set sun. My brother was fishing, I was dreaming of hating fishing, the Sudanese servant in white galabieh prepared the bait. From time to time our little boat struck the gray and gloomy keel of the floating sailors' chapel-boat, whose lowered lids never revealed to us, in so many afternoons, the shadow of a crew or devotees.

Another shred of my flesh had the sour honeydew and pungent smell of gaggie flowers, spraying out of the angles of the Antoniadis garden, to provoke the chaste and blind water of the Mahmudieh canal to crest its black buffalo to the hut of cattle and camel dung.

Ten miles from Alexandria, with the slow rolling of the ship, the undulating bluish mercury of the sea rose and fell in the thermometer of the window. Magically, the sea horizon was crested with palm trees. Our bow lowered, adorning itself with water. Every now and then the sea on the right offered to the cut of the bow its edge of gray dunes, so that the projector-beam of the sun, shining down from the slits of the clouds, bleached and sugar-coated its peaks.

Re Fuad

King Fuad

Un'ora dopo nel giardino tenebroso della villa Ambron fusi la mia anima con un grande *ficus elastic* i cui fogliami piangenti ripiantano nella terra ricordi verdi, ansiosi di far rinascere nuovi ricordi verdi salienti.

Collo stesso ritmo pacato e sicuro, l'indomani, nella reggia del Cairo Re Fuad mi illustrava il sistematico e veloce progresso dell'Egitto.

Mentre l'ascolto, penso al valore musulmano del fez, abolito da Kcmal Pascià in Turchia perché generatore di stati d'animo passatisti.

Fra tutti i copricapi il fez è quello che meno facilmente può assumere carattere guerriero o regale. Quello di Re Fuad fonde le sue linee spioventi colle curve guance sensuali dell'ovale perfetto.

La bocca sinuosa sorride sotto i baffi ad uncino che pur ricordano i sultani a cavallo sotto il doppio arco della scimitarra e della luna.

Coi gesti di un proprietario nei suoi feddan, ma senza il tipico parasole di seta grigia, egli glorifica ora la nuova città marittima che moltiplica i suoi quartieri splendenti di marmo cristallo elettricità neon fino al palmeto di Vittoria, il Mex che ha distrutto i suoi molini a vento per macinare a vapore, i laghi bonificati, i gonfi mercati di stoffe gioielli pasticcerie già sventrati dalle velocità meccaniche, le indolenze concentrate degli arabi nei tram che sembrano rapirli via nel mare, l'ostinata pigiatura di odori colori sapori profumi e fetori che si difendono eroicamente contro la modernità europea nei suk del Cairo.

Mi dicevo: non gusterò più avidamente le fresche e polpose ostriche dei miei quindici anni fra le cabine di legno turchine sbilenche del piccolo stabilimento di bagni di Ramleh che tremolava ad ogni ondata sui suoi pali di ferro! Non avrò più negli occhi e nelle nari quel mare di bel cristallo verde sa latissimo in cui mio padre aveva brutalmente lanciato il mio corpicino di pupo per insegnarmi a disprezzare i salvagente.

An hour later, in the dark garden of Villa Ambron, I fused my soul with a large *ficus elastica*, whose weeping leaves replant green memories in the earth, eager to revive new salient green memories.

With the same calm and sure pace, the next day, in the palace of Cairo, King Fuad illustrated to me the systematic and rapid progress of Egypt.

As I listen to him, I think of the Muslim affinity for the fez, abolished by Kemal Pasha in Turkey because it generates passive moods.

Of all the headdresses, the fez is the least likely to assume a warrior or royal character. That of King Fuad blends its sloping lines with the sensual curves of a perfect oval.

A sinuous mouth smiles under a hooked mustache that still reminds one of the sultans on horse-back under the double arc of the scimitar and the moon.

With the gestures of a landlord to his fief, but without the typical gray silk parasol, he now glorifies the new maritime city that multiplies its shining neighborhoods of marble, crystal, electricity, neon to the palm grove of Vittoria, the reclaimed lakes, the swollen markets of fabrics, jewelry, and pastry shops, already gutted by mechanical speeds, the concentrated indolence of the Arabs in the trams that seem to kidnap them away into the sea, the stubborn pressing of smells, the Arabs heroically defend themselves against European modernity in the boroughs of Cairo.

I said to myself: I will no longer greedily savor the fresh, meaty oysters of my fifteen years amidst the lopsided turquoise wooden cabins of the small Ramleh bathhouse that shook with every wave on its iron poles! I will no longer have in my eyes and nostrils that sea of beautiful green crystal in which my father had brutally thrown my little baby body to teach me to despise life jackets.

Un Congresso Di Musiche Orientali

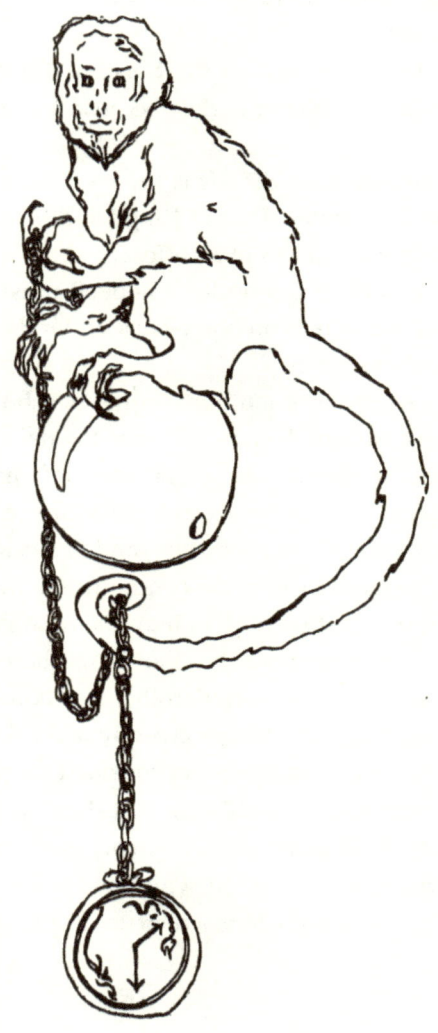

A Congress of Music from the Orient

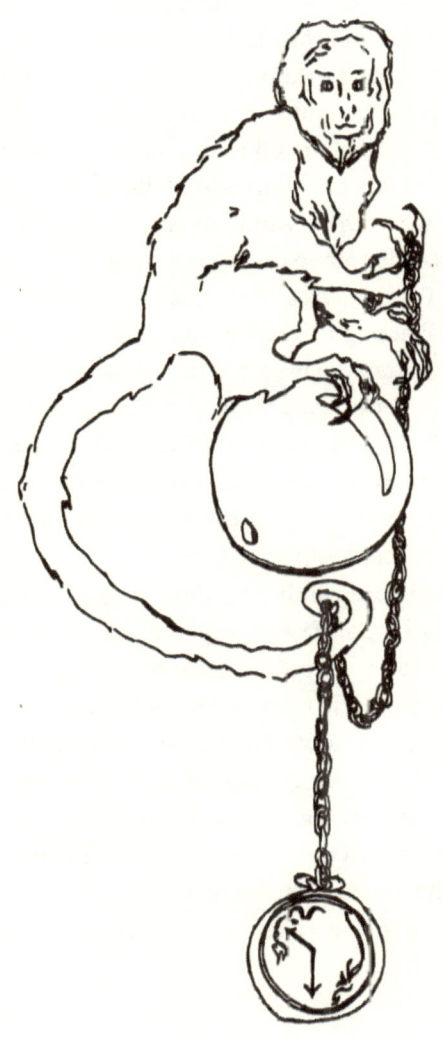

Ad un tratto Re Fuad cambiò voce forse intuendo la tragica lotta che si svolgeva nelle mie vene tra quel passato gemente e il magnifico futuro che lo strangolava. I gesti e la voce scattanti di Sua Maestà ripresero un'ampia gravità musulmana per raccogliere tutte le nostalgie sparse:

"Oggi ho assistito ad un interessante concerto di musica egiziana. Nell'inverno prossimo organizzerò e presiederò io stesso, qui al Cairo, il primo grande congresso di musica araba. Tutti i compositori, tutti i musicisti girovaghi e tutti gli improvvisatori dell'Islam saranno convocati coi loro strumenti. Discuteremo sul modo migliore di sviluppare il genio musicale delle nostre razze, conservando le vecchie tradizioni artistiche e insieme suscitando nuove originalità creatrici."

Mentre Re Fuad parlava, le sue mani cercavano con delicatezza femminile nell'aria gli echi perduti delle belle canzoni d'altri tempi, le voci erranti dei muezzin dei carovanieri dei pastori e dei marinai. Voleva certamente fonderli tutti in una sintesi armoniosa che fosse insieme artistica e politica. Colle musiche arabe più ispirate non era forse possibile sedurre e incantare la cupida, armata truce Europa che troppo amorosamente si curvava sull'Egitto ricco e contemplativo?

Con una deliziosa cantilena egiziana sospirata prima a bocca chiusa, portata su poi da una voce nasale tristissima, sospesa e ripresa venti volte, si potrà certo commuovere e finalmente sciogliere il duro e nodoso problema del canale di Suez, già quasi ostruito dalla troppa carta della Società delle Nazioni.

Pur provvedendo, da Re saggio, a combattere ogni giorno il commercio della cocaina che tenta di narcotizzare i suoi cari villaggi, egli sogna di pacificare coll'arte gli scatti ambiziosi del suo popolo, che avendo rinunciato a tutto potrebbe bruscamente strappare tutto con una violenza forse suicida.

Suddenly King Fuad changed his tone, perhaps sensing the tragic struggle that was taking place in my veins between that groaning past and the magnificent future that strangled him. His Majesty's energetic gestures and voice took on a regal Muslim gravity to collect all the scattered nostalgia:

"Today I attended an interesting concert of Egyptian music. Next winter, I will organize and chair the first major Arab music congress here in Cairo. All the composers, all the traveling musicians and all the improvisers of Islam will be summoned with their instruments. We will discuss the best way to develop the musical genius of our races, preserving the old artistic traditions and at the same time arousing new creative originalities."

While King Fuad spoke, his hands searched with feminine delicacy in the air for the lost echoes of the beautiful songs of the past, the wandering voices of the muezzins of the shepherds and sailors caravans. He certainly wanted to merge them all into a harmonious synthesis that was both artistic and political. With the most inspired Arabic music, was it not possible to seduce and enchant the greedy, grim armored Europe who too lovingly gazed upon rich and contemplative Egypt?

With a delicious Egyptian chant sighed first with the mouth closed, then carried up by a very sad nasal voice, suspended and resumed twenty times, it will certainly be possible to move and finally dissolve the hard and knotty problem of the Suez canal, already encumbered by too much paper imposed by the League of Nations.

While taking care, as a sage king, to fight every day the cocaine trade that tries to corrupt his beloved villages, he dreams of pacifying with art the ambitions of his people, who have nothing, and thus could abruptly tear everything apart with suicidal violence.

Velocità Italiane

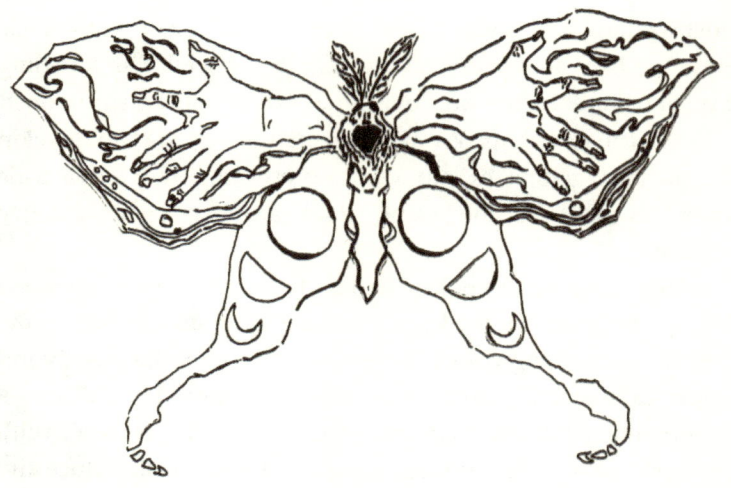

Re Fuad aggiunge:

"La colonia italiana è mirabile per la sua intelligenza laboriosità e velocità!"

Questa frase risuscita di colpo nel mio cuore visionario la vita ferrea di mio padre, uno dei primi avvocati sbarcato 60 anni fa in una Alessandria fangosa senza gas né acqua potabile, attraversata ogni notte da lui colla lanterna, per sbrigare gli intricatissimi processi dei panciuti pacha che lo chiamavano felfel, cioè pepe di intelligenza lavoro velocità.

Re Fuad conclude:

"Ho per la Casa di Savoia un affetto filiale. La Regina Margherita fu per me una vera madre. Ah, la mia bella Torino! Ho una grande amicizia per il vostro Ministro degli Esteri Grandi, degno discepolo del Duce!"

Speed of the Italians

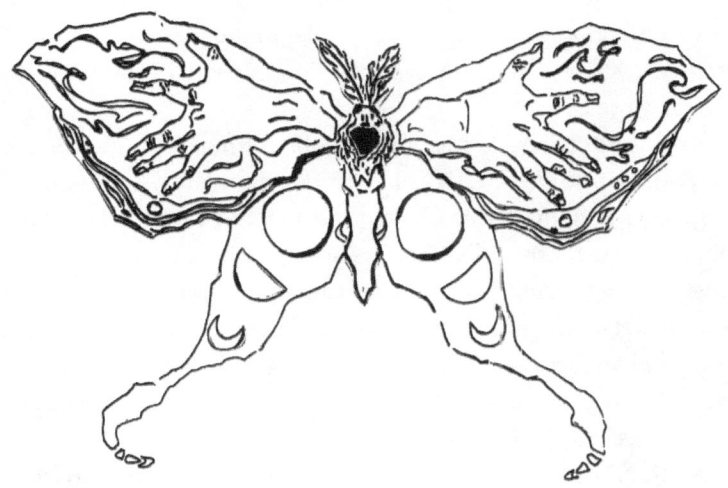

King Fuad adds:

"The Italian colony is admirable for its intelligence, industriousness and speed!"

This sentence suddenly reawakens in my visionary heart the iron life of my father, one of the first lawyers who landed sixty years ago in a muddy Alexandria without gas or drinking water, who traversed it every night clutching a lantern, to attend to the intricate deliberations of the potbellied pasha who called him *felfel*, with that speed of a superior acumen.

King Fuad concludes:

"I have a filial affection for the House of Savoy. Queen Margaret was a real mother to me. Ah, my beautiful Turin! I have a great friendship for your Great Foreign Minister, a worthy disciple of the Duce!"

Prodigiosamente allora si spalanca, nell'atmosfera di cantilene palme dune piramidi e villaggi arabi, la fiera e ridente visione della patria, penisola impaziente di navigare, tutta elettrizzata dagli ordini del Capo e dal fervore instancabile degli equipaggi.

Il giorno dopo riprendevo il treno per recarmi in Alessandria, tentacolato dai ricordi. Il primo a spezzarsi nelle mie mani, come un vecchio giocattolo fragile, fu il collegio dei gesuiti francesi St. François Xavier, ora trasformato in Corpo di guardia del Governatorato!

Ansioso di lavare la mia anima delle ultime nostalgie corsi in automobile fino alla griglia del giardino Antoniadis. Il sole di quel languido meriggio di dicembre egiziano tentò e ritentò le sue più minuziose carezze sulla mia pelle futurista. Ma le ardenti e sensuali gaggie della mia adolescenza erano sparite! In loro vece entrava nelle mie nari un forte odore di catrame che veniva dalla chiglia di un barcone sovraccarico di cotone. Quel catrame di volontà viaggi pericoli traffici e avventure m'invase il cervello e mi costrinse ad alzare la testa.

Al di là dei camerus del giardino incantato, un ordine altissimo di palme dal ciuffo metallico additava geometricamente la rotta all'aeroplano postale italiano. Con un ronzio gemente ma tenace di ape bellicosa, l'apparecchio mi sorvola. Flauto nero di guerra, feri musicalmente l'azzurro. Aveva per ali le mani stesse mozzate del suo musicista, abbandonato sulla terra.

Then, in the atmosphere of singsong palms, dunes, pyramids and Arab villages—the proud and joyous vision of the homeland—an island impatient to sail, electrified by the orders of the Chief and the tireless fervor of the crews erupting in a continuous fusillade.

The next day I boarded the train to go to Alexandria, smothered by memories. The first to break in my hands, like a fragile old toy, was the French Jesuit college of St. François Xavier, now transformed into the Governorate Guardhouse!

Anxious to wash my soul of the latest nostalgia I raced to the grid of the Antoniadis garden. The sun of that languid Egyptian December noon tried and tried again its most meticulous caresses on my futurist skin. But the fiery and sensual gaggie flowers of my adolescence were gone! Instead, a strong smell of tar came into my nostrils from the keel of a boat loaded with cotton. That willful tar, trafficking in danger and adventures, invaded my brain and forced me to raise my head.

Beyond the edges of the enchanted garden, a very high order of palms with a metallic tuft geometrically indicated the route to the Italian postal plane. With a groaning but tenacious hum of a warlike bee, the device flies over me. A black war flute, musically wounded the azure sky. He had for wings the severed hands of his musician, abandoned on earth

Eserciti Di Palme Prodighe Di Imm Agini Nuove

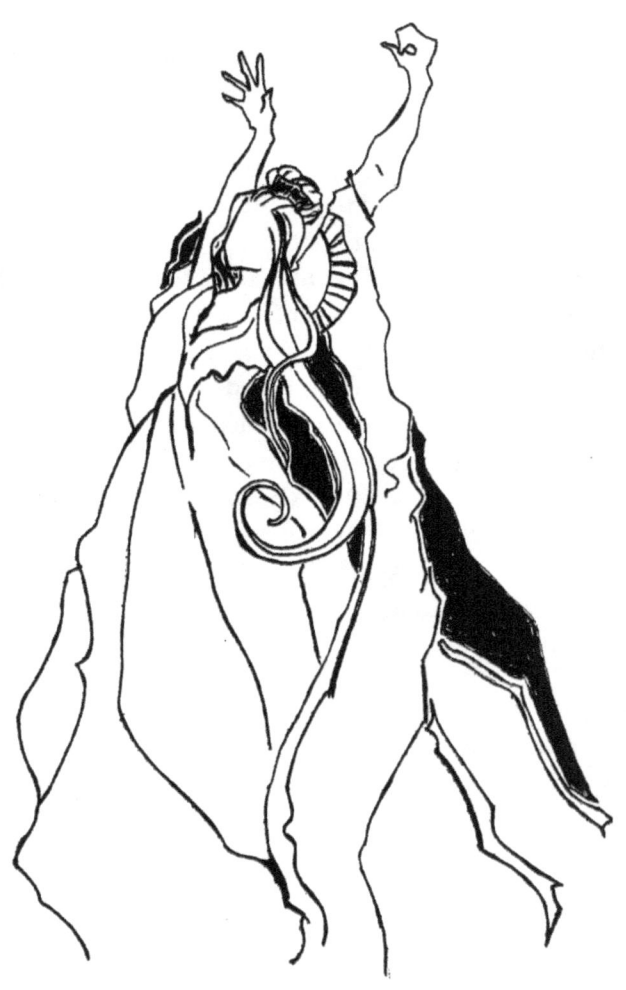

Armies of Palms Producing New Images

Dopo aver parlato con Re fu ad intervistai successivamente le palme il Nilo e i Dervisci giranti. Fu un'intervista esauriente dal punto di vista lirico plastico musicale e rumorista.

Il comm. Grassi, uno di quegli italiani che dominano l'Oriente colla loro intelligenza forte e semplificatrice, mi offri le velocità atte ad evitarmi la tediosa nostalgia dei miei illustri intervistati.

In pulmann, da Alessandria al Cairo, passai in rivista tribù popoli eserciti di palme. Coi loro tronchi animaleschi quasi umani e sempre privi di vegetalità, essi si impongono come i signori della pianura. La governano. Gruppi disordinati. Battaglioni serrati. Vedette. Filosofi velati di solitudine meditante.

Laggiù uno stato maggiore di palme comandava una invisibile battaglia. Altre adoravano il sole e col ciuffo spampanato attendevano una pioggia d'oro. A ll'orizzonte marciavano come mandre di elefanti. Interrogai una vecchia palma incurvata dalle fatiche agricole. Non mi rispose.

Il mio treno scivolava sul grasso Egitto. Piatto. Verde. I villaggi nerastri e bigi di fango bovina paglia e sterco di cammello cotto al sole ne sono le croste e le escrescenze. I bufali tenebrosi ne sono i foruncoli. La terra sembra tenere schiacciata e incollata al suo petto ogni cosa: casupole, treni, norie, acque morte e acque lente con vele maone sotto un troppo vasto e vuoto cielo che il Nilo irato colonizzerà, forse un giorno, di slancio.

After speaking with the Sultan, I went immediately to consult the palms of the Nile and the whirling Dervishes. It was an exhaustive audition from the lyrical, sculptural, and musical point of view.

The commissioner Grassi, one of those Italians who dominate the East with their strong and simplifying intelligence, offered me the getaway-speed to avoid the tedious nostalgia of my illustrious interviewees.

By bus, from Alexandria to Cairo, I reviewed the tribal peoples' armies of palms. With their animal-like trunks that are almost human and always lacking in vegetation, they impose themselves as the lords of the plain. They conquer it. Disorganized groups. Clustered Battalions. Lookouts. Philosophers veiled in meditating solitude.

Over there a palm staff commands an invisible battle. Others adored the sun and waited for a shower of gold with their fluffy tufts. On the horizon they marched like herds of elephants. I questioned an old palm tree bent by agricultural labors. He didn't answer me.

My train was sliding over Egypt. Flat. Green. The blackish and gray villages of bovine mud, straw and camel dung, baking in the sun, are its crusts and growths. Dark buffaloes are its boils. The earth seems to hold everything crushed and glued to its chest: huts, trains, dead waters and slow currents with old papyrus sails under a vast and empty sky that the angry Nile will, perhaps one day, colonize with its unstoppable force.

I Pensieri Di Una Bufala

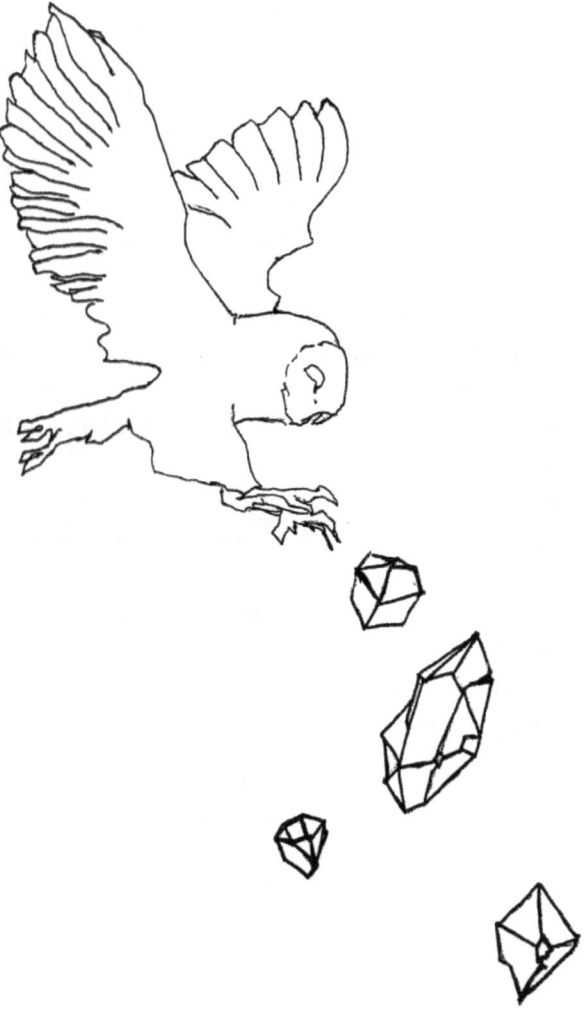

The Thoughts of a Buffalo

Come un ladro inseguito, il treno sfiora un bananeto folto di smeraldi vivi e grondante di frange d'oro. I canali sguainano in alto vele arcuate che paiono coltellacci. Cammelli e fellahine armonizzano le loro curve con quelle dei villaggi tutti gravidi e straripanti di pianure. Il ritmo del treno s'imbottisce di zolle grasse. Il vagone rallenta i sussulti del mio corpo e, oscillando, lo invischia fra le mosche e nel fiato umido caldo di una bufala accovacciata, che, simile ad una grande tartaruga, estrae la testa dall'immenso guscio fangoso della pianura per vigilare una frotta ubriaca di bianche tombe arabe.

La bufala mastica:

"Sono la figlia della terra nera e del Nilo bigio. Sdraiata sembro un cumulo di limo. Mi scolpisco nell'alzarmi e, subito, la mia groppa le mie corna continuano il profilo dei tetti bassi riboccanti di paglia marmocchi, stracci, capretti, cupole di forni, tubi di terra senza fumo. Amo l'immobilità a pochi passi dalle rotaie e dalla strada. Non alzo il muso al passaggio del fellah che, seduto di fianco sul cammello ondulante, mi fissa senza vedermi, e non degna di uno sguardo la mèta da raggiungere né la campagna che gli odora forte dietro le spalle. Non respirerai mai più una atmosfera ricca di germi quanto la mia! L 'aria è del limo volatilizzato. Preme le guance come una spugna tiepida. Le lunghe galabieh argentee, che scopano i sentieri neri o il verde brillante dei prati, incensano di buona terra il cielo!"

Intanto l'azzurro si arroventava e sparse nuvolette d' argento apparivano sempre più accese e sospese come lampade sopra un'invisibile divinità. Presentire l'acqua.

Ansia della luce. Brilli assetati dei sassi.

Like a thief pursued, the train skims a banana grove thick with live emeralds and dripping with gold fringes. The canals draw high arched sails that look like knives. Camels and traders harmonize their curves with those of the villages all pregnant and overflowing with fertile plains. The train rhythmically churns out its clumps of soot. The wagon slows down, my body sways, entangling itself among the flies and in the warm wet breath of a crouching buffalo, which, like a large turtle, pulls its head from the immense muddy shell of the plain to watch over a drunken crowd of white Arab tombs.

The buffalo ruminates:

"I am the daughter of the black earth and the gray Nile. Lying down I look like a mound of silt. I sculpt myself in getting up and, immediately, my rump and my horns continue the profile of the low roofs overflowing with straw, brats, rags, kids, oven domes, smokeless earth pipes. I love stillness just a few steps from the rails and the road. I do not raise my muzzle at the passage of the trader who, sitting atop the undulating camel, stares at me without seeing me, and not worthy of a glance, with neither a goal to reach nor a care for countryside that smells strongly behind him. You will never again breathe a germ-rich atmosphere like mine! The air is volatilized silt. It presses your cheeks like a warm sponge. The long silvery robes, sweeping the black paths or the bright green of the meadows, incense the sky with good earth!"

Meanwhile, the blue was red-hot and scattered silver clouds appeared more and more lit, and were suspended like lamps above an invisible divinity, presented to the water.

With anxiety for light, for stones you shine, thirstily.

A Caccia Di Quaglie E Donne Arabe, Con Un Mezzano Arabo

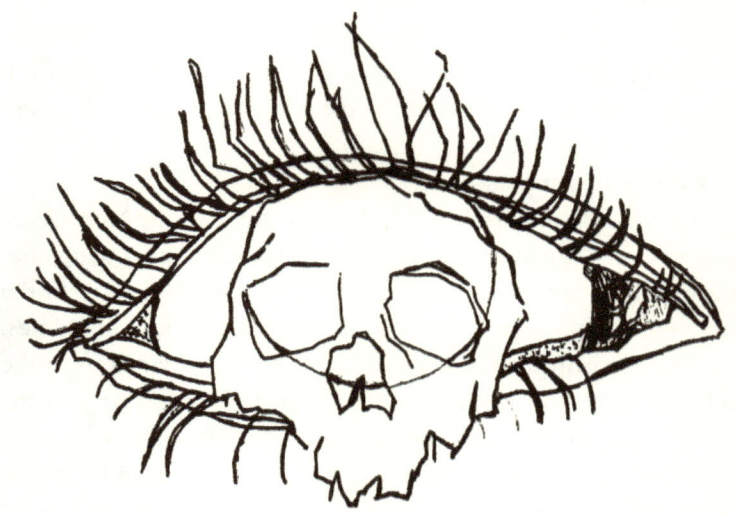

Kafr-el-Zayat! Questo nome strappa brutalmente la mia anima dalla realtà millenovecento-trentatrè e la tuffa nei miei vent'anni color di gioia leggera e vaporosa.

Trent'anni fa, il buio odorava di mummia quando il treno si fermò alla stazione di Kafr-el-Zayat, piccola tettoia di legno imbacuccata di banani, in riva al Nilo invisibile.

Mohamed el Ragel, il mezzano dello Stato Maggiore inglese, che mi era stato raccomandato con tanto calore da sir Ward, ci aspettava per condurci al convegno di caccia e... per farci gli onori erotici del villaggio.

Lo rivedo ancora nella mia memoria, come se fosse cosa di ieri, chiassoso e cerimonioso, inchinarsi, tenderci la mano, avvicinarsi agilmente alla bocca le nostre dita, e gridare ordini imperiosi ai nostri due negri, portatori di vettovaglie.

Hunting for Quails and Arab Women, With a Half Arab

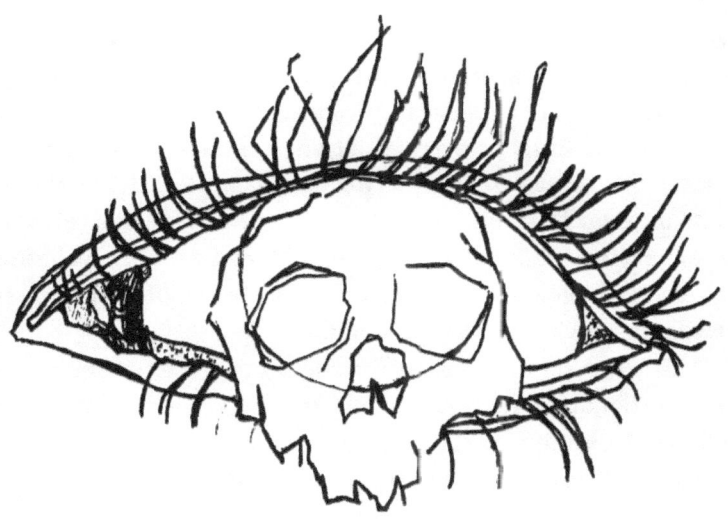

Kafr-el-Zayat! This name brutally tears my soul from reality, nineteen hundred and thirty-three, and plunges it into my twenties, with the color of light and fluffy joy.

Thirty years ago, the darkness smelled of mummies when the train stopped at the Kafr-el-Zayat Station, a small wooden shed wrapped in banana trees, on the banks of the invisible Nile.

Mohamed el Ragel, the pimp of the British General Staff, who had been warmly recommended to me by Sir Ward, was waiting to take us to the hunting convention and ... to do us the erotic honors of the village.

I still see it in my memory, as if it were yesterday, noisy and ceremonious, bowing, reaching out to us, moving our fingers nimbly to our mouths, and shouting imperious orders to our two negroes, who were carriers of provisions.

Quel gran sacripante dinoccolato ci sedusse tutti, fin dal primo momento. Simpatica faccia color cioccolata, grandi occhi neri, intelligenti placidi e naso adunco.

Mohamed ci precedeva a grandi passi, facendo ballare il fiocco nero del suo fez e indicandoci la strada con un gesto maestoso. Certo egli aveva un aspetto assai nobile, nella sua galabieh sventolante, di crespo nero, semiaperta su una tunica attillata di seta a righe gialle-canarino e verdi-pistacchio.

Eravamo dieci cacciatori appassionati: tre greci, cinque inglesi e due italiani, tutti desiderosi di uccidere almeno cento quaglie, lontano da Alessandria, resa inabitabile dalle feste del Bahiram. Capanne cubiche ci apparvero dapprima ai due lati della strada; capanne quasi interamente costruite col fango del Nilo, giallastre e circondate da giardini minuscoli. Poi, boschetti di palme si profilarono sull'orizzonte albeggiante.

Alba triste, stanca e disillusa. Sulla campagna fosca era effuso un silenzio di morte. Lentamente il cielo si striava d'argento verdognolo. Oltre i campi coltivati, l'ondulazione delle sabbie si colorava delicatamente di viola alle carezze della luna declinante. Una luna calda e molle, color di ruggine gialla, calava, come una goccia d'oro, verso il mare lontano.

Piantagioni di banani soffocarono la strada, e ci sentimmo deliziosamente bagnati dalla freschezza profumante dei verzieri.

Una tenda di beduini frastagliò il pallore del cielo, apparendo in lontananza, simile ad un enorme vampiro dalle ali membranacee spiegate e inchiodate a terra.

Con curiosità, io studiai la bizzarra geometria delle sue tele rappezzate, delle sue balzane arlecchinesche d'ocra sporca e di ruggine, che si arrotondavano al vento del deserto come vecchie carene.

Davanti all'apertura della tenda, una piccola siepe di rami e di pezzi di latta, e alcune capre d'una magrezza schifosa, che trascinavano mammelle flosce e prolisse.

Un cane rognoso, scorticato, scheletrico, ci corse incontro rabbiosamente...

That great slouching porter seduced us all, from the first moment. Nice chocolate colored face, big black eyes, placid, clever, and hooked of nose.

Mohamed strode ahead of us, making the black ribbon of his fez dance and showed us the way with a majestic gesture. He certainly looked very noble in his waving robes of black crepe, half-open over a tight-fitting silk tunic with canary-yellow and pistachio-green stripes.

We were ten passionate hunters: three Greeks, five English and two Italians, all eager to kill at least a hundred quail, far from Alexandria, rendered uninhabitable by the Bahiram festivals. Cubic huts first appeared to us on both sides of the road; huts almost entirely built with Nile mud, yellowish and surrounded by tiny gardens. Then, palm groves loomed on the dawning horizon.

A sad, tired, and disillusioned dawn. Deathly silence was poured out over the gloomy countryside. Slowly the sky was streaked with greenish silver. Beyond the cultivated fields, the undulation of the sands was delicately colored purple with the caresses of the waning moon. A warm and soft moon, the color of yellow rust, fell, like a drop of gold, towards the distant sea.

Plantations of banana trees choked the road, and we felt delightfully bathed in the fragrant freshness of its scent.

A Bedouin tent bit into the pallor of the sky, appearing in the distance, like a huge vampire with parchment-like wings spread and nailed to the ground.

With curiosity, I studied the bizarre geometry of his patched canvases, his harlequin frills of dirty ocher and rust, which rounded off in the desert wind like old ship-hulls.

In front of the opening of the tent, a small hedge of branches and pieces of tin, and some goats of a disgusting thinness, which dragged limp and distended udders.

A mangy, scathed, skeletal dog ran towards us angrily…

Quella era la tenda di Abdul el Ragel, fratello di Mohamed.

"Saidi Abdul," gridò la nostra guida.

"Saidi ya Mohamed!" rispose una voce dall'interno.

E Abdul comparve dietro la siepe. Aveva un profilo ardito e severo : un gran manto di lana bianca gli si drappeggiava sul petto; il suo gesto era solenne, il suo aspetto era ad un tempo signorile e zingaresco. I due fratelli ebbero fra loro un lungo colloquio sottovoce, nel quale non potei distinguere altro che il nome di Fatma, ripetuto parecchie volte.

Sir Ward mi aveva parlato molto di Fatma, la pili bella donna di tutto l'Oriente, e anche mi aveva parlato del marito di lei, Mustapha el Bar, cacciatore provetto, condannato dalla miseria e dalla gelosia ad esercitare il triste mestiere di bardotto delle dahabieh del Nilo.

Era costui, dicevasi, un nemico implacabile di Mohamed, per certe vecchie storie che ho dimenticate.

Salutammo Abdul, e ci rimettemmo in cammino per la strada divenuta sabbiosa attraverso la campagna desolata.

Una carcassa di cammello.

Verso le sei, giungemmo a un gruppo di palme, sulla spiaggia. Il mare color d'ardesia si colorava di rosa, gradatamente.

Seduti sui nostri seggiolini pieghevoli, a dieci metri uno dall'altro, aspettammo, con l' intesa comune di sparare soltanto verso il mare, d'onde stavano per venire, le quaglie.

Mohamed, con le gambe incro date nella sabbia, si mise a scavare una grande buca. Voleva farmi constatare il calore del sole concentrato sotto terra.

Alle sei e mezza, un frusciar di ali, e le prime quaglie, lanciate come palle di schioppo, piombarono davanti a noi. Erano esauste dalla stanchezza.

I primi colpi fallirono. Non ci si vedeva abbastanza. Negli intervalli dei voli, Mohamed sgambettava in modo curioso a breve distanza da me, infilzando con un lungo bastone della quaglie immaginarie, facendo schioccare le labbra e gridando:

"*Schouff!* (Guarda). *Schouff! Pam! Pam!*"

That was the tent of Abdul el Ragel, Mohamed's brother.

"Saidi Abdul," shouted our guide.

"Saidi ya Mohamed!" answered a voice from inside.

And Abdul appeared from behind the hedge. He had a bold and severe profile: a great white wool cloak draped over his chest; his gesture was solemn, his appearance was both stately and gypsy-like. The two brothers had a long, whispered conversation between them, in which I could distinguish only the name of Fatma, repeated several times.

Sir Ward had talked to me a lot about Fatma, the most beautiful woman in the whole East, and he had also told me of her husband, Mustapha el Bar, a skilled hunter, condemned by misery and jealousy to practice the sad profession of a pimp of the Nile.

He was, it was said, an implacable enemy of Mohamed, for certain old stories which I have forgotten.

We said goodbye to Abdul, and set off again along the road that had become sandy through the desolate countryside.

It was an absolute camel carcass.

At about six, we came to a cluster of palm trees on the beach. The slate-colored sea gradually turned pink.

Sitting on our folding seats, ten meters from each other, we waited, with the common understanding of shooting only towards the sea, where the quail were about to come.

Mohamed, with his legs crossed in the sand, began to dig a large hole. He wanted me to see the heat of the sun concentrated under the ground.

At half past six, a rustle of wings, and the first quail, thrown like fireballs, swooped down in front of us. They were drooped from exhaustion.

The first shots failed. You couldn't see enough of each other. In the intervals of the flights, Mohamed would frolic curiously a short distance from me, spearing imaginary quail with a long stick, smacking his lips and shouting:

"*Schouff!* (Look). *Schouff! Pam! Pam!*"

Assumeva atteggiamenti eroici, o languidi con sibili aspirati e grugniti di piacere.

Continuammo la caccia alle nove. Alcuni monelli seminudi vennero ad offrirci per qualche piccolo moneta dei cestini pieni di fichi freschi e zuccherini.

Il sole saliva. Col crescere del caldo, le mosche divennero accanite. Le sabbie, ora, sembravano cenere. Mohamed ci fabbricò abilmente dei ventagli, con delle foglie di palma, poi cominciò a recitarci delle favole di Lafontaine. Mi ricordo ancora della sua voce nasale e de' suoi gesti puerili e bizzarri per imitare le bestie.

Al ritorno, costeggiammo il Nilo che scorre untuoso e giallastro fra rive feltrate di verde. Fra certi fichi contorti e certi palmizi, io scopro con stupore una vite cresciuta nella sabbia. Mohamed mi spiega che l'uva di quella pianta è deliziosa, per le materie organiche depositate in quel terreno dalle conchiglie. L 'ombra dei palmizi si concentra: è mezzogiorno. Scorgiamo il villaggio. La piccola folla trotterellante di capanne e di casupole cubiche, qua e là vestite di frasche verdi, mi appare immobilizzata, anchilosata sotto le fiamme del sole.

Il paesaggio è estenuato e come fuso dal caldo.

Mohamed ci conduce per una scaletta fangosa, fino a una cisterna sotterranea, dall'acqua fresca e azzurrina.

Mentre risalivamo, una donna con una veste turchina ci passò accanto. Ella saliva lentamente gli scalini sdrucciolevoli, portando sul capo una brocca nera e grondante, e tenendo alzate le braccia per sostenerla. Ad ogni passo, le sue anche ondeggiavano e le sue piccole poppe, tonde e dure, si disegnavano sotto la stoffa.

Ella fissò su di noi, languidamente, le sue pupille di gomma nera, che quasi coprivano la sclerotica dorata. La sua bocca era nascosta da una stoffa nera, legata al velo della testa mediante un cor doncino che passava per un tubetto di rame appoggiato sul naso.

He assumed heroic, or languid, postures with aspirated hisses and grunts of pleasure.

We continued the hunt at nine. Some half-naked urchins came to offer us, for some paltry amount of coin, baskets full of figs, which were fresh and sugary.

The sun was rising. As the heat grew, the flies became furious. The sands now looked like ash. Mohamed skillfully made us fans, out of palm leaves, then began to recite Lafontaine's fables. I still remember his nasal voice and his childish and bizarre gestures to imitate beasts.

On our return, we skirted the Nile, flowing oily and yellowish between shores felted with green. Among certain twisted figs and certain palm trees, I was amazed to discover a grown vine in the sand. Mohamed explains to me that the grapes of that plant are delicious, due to the organic matter deposited in that soil by the shells. The shadow of the palm trees is minimal: it is noon. We see the village. The small shimmering crowd of huts and walls, here and there dressed in branches of green, it appears to me immobilized, parched under the flames of the sun.

The landscape is exhausted and melted from the heat.

Mohamed leads us down a muddy ladder to an underground cistern with fresh, blue water.

As we descended, a woman in a blue robe passed us. She walked slowly up the slippery steps, carrying a dripping black jug on her head, and holding up her arms to support her. With each step, her hips swayed, and her small, round, and hard breasts were drawn taut under the fabric.

She stared languidly at us through her black rubber pupils, which almost covered her golden irises. Her mouth was hidden by a black cloth, tied to the veil of her head by a little heart that passed through a copper tube resting on her nose.

La seguimmo. Ma Mohamed ci fermò con un cenno. Sotto il sole ardente, con gesti cauti e con un dito sulla bocca, egli ci promise la meravigliosa Fatma per quella sera stessa, quando il marito si sarebbe allontanato.

Gli occhi della bella araba, quegli umidi occhi di gazzella, mi perseguitarono per tutto il giorno nelle viuzze tortuose e puzzolenti, tutte ronzanti di grosse mosche verdi.

Confesso che la prostituzione di Fatma m'impensieriva. Prevedevo un ripugnante dibattito pel prezzo, e tutta la banalità di un coito pagato principescamente.

Ah, se avessi potuto incontrare la bella, o scorgerla a qualche ffnestra, avrei forse combinate le cose in un modo più romantico!

Esploravo perciò, nel passare, le porte simili ad accessi di tane, da cui uscivano fumi rossicci di nauseabonde fritture, e fetori di escrementi. Ad un tratto, mi sembrò di riconoscerla, sulla soglia di una casetta si bassa che le galline potevano saltare dalla terrazza nella via.

Non era lei. Ero rimasto solo; mi ero staccato dai miei amici all'ultimo crocicchio, e la mia angoscia andava crescendo.

Su una piazzetta, dei rapsodi ciechi inacidivano il silenzio di fuoco, canticchiando delle nenie accompagnate da un guaire di pifferi.

Dopo una colazione atroce mangiata in fretta in un piccolo caffè greco, uscii, rassegnato ormai a non rivedere Fatma prima che fosse notte alta, dal villaggio per contemplare il tramonto sulle sabbie.

I miei amici mi chiamarono dall'alto di una terrazza. Erano in casa di certi parenti di Mohamed, e questi faceva loro, con molti inchini, gli onori dell'ospitalità. Ci fu offerta religiosamente dell'acquavite di Chio, conservata in un otre di pelle di capra incatramata. Nella viuzza, davanti a noi, un bettolino silenzioso odorava di liquore d'anice e d'assenzio.

We followed her. But Mohamed stopped us with a nod. Under the blazing sun, with cautious gestures and a finger to his mouth, he promised us the wonderful Fatma for that very evening, when her husband would be gone.

The eyes of the beautiful Arab, those gazelle eyes, haunted me all day in the winding, stinking alleys, all buzzing with large green flies.

I confess that Fatma's prostitution worried me. I anticipated a repugnant debate about the price, and all the banality of a princely paid coitus.

Ah, if I could have met the beauty, or seen her in some window, I might have combined things in a more romantic way!

I therefore explored, as I passed, the doors like entrances to dens, from which reddish fumes of nauseating fritters and the stench of excrement issued. Suddenly, I seemed to recognize her, on the threshold of a small house so low that the hens could jump from the terrace into the street.

It wasn't her. I was left alone; I had detached myself from my friends at the last crossroads, and my anguish was growing.

On a small square, blind rhapsodies soured the fiery silence, humming lullabies accompanied by the yelp of fifes.

After an atrocious breakfast eaten quickly in a small Greek café, I went out from the village, now resigned to not see Fatma again before it was high night, to contemplate the sunset on the sands.

My friends called me from the top of a terrace. They were in the house of certain relatives of Mohamed, and he gave them, with many bows, the honor of his hospitality. There they were ritually offered some brandy from Chios, preserved in a tarred goatskin. In the alley, in front of us, a quiet little bar smelled of aniseed liqueur and absinthe.

Passarono grandi negri, biancovestiti, che avevano mazzetti di gelsomini sull'orecchio e sotto il turbante. Passarono alcune donne, tutte velate e misteriose. Fra loro, io cercai di scoprire Fatma!...

I miei amici mangiavano dei dolciumi friabili e profumati di melagrana e di rose, inalbandoli con una limonata melata e piena di pistacchi.

Annottava. Al di là delle casette dalle terrazze fiorite, il tramonto grondava di lave incandescenti. Le sabbie s'infocarono. Poi, lentamente, al soffiar della brezza notturna, le fiamme e le porpore s'abbassarono. Il paesaggio si velluto d'ametista, e il sole, morendo, gocciò in ori liquefatti e saporosi che mi fecero pensare a un'arnia grondante di miele. Una lontana isola di verdura apparve fra le sabbie metallizzate e preziose, simile a uno smeraldo cerchiato d'oro. Mohamed si inchinò verso l'Occidente, con una mano alla fronte, per sconguirare i geni maligni della notte.

Su una terrazza, un vecchio dalla barba bianca, vestito di blu, svolse una piccola stuoia, e a volta a volta, ritto a piedi giunti, piegato in due, in ginocchio, bocconi, con la faccia a terra, disse la sua preghiera ad Allah, rivolto verso l'Occidente.

Anche delle donne salirono sulle terrazze vicine.

Quando la luna di umida madreperla spuntò al disopra della casetta di fronte, Mohamed mi fece un cenno, strizzando gli occhi, e lo seguimmo attraverso il villaggio. Egli si era cacciate delle violette nelle nari, in segno di letizia.

Ci fermammo davanti a un gruppo di quattro case sconnesse e oblique, le cui terrazze digradavano in un disordine bizzarro e piacevole. Sembravano quattro vecchie streghe ingessate e zoppe, immobilizzate in un conciliabolo vespertino.

In mezzo a quelle case, c'era un cortiletto. Mohamed entrò per una specie di porta nera e ne usci poco dopo, seguito da una donna piccola e grassa, con la testa e la bocca velate. Ella aveva una veste sventolante sotto la quale s'indovinavano con ripugnanza mammelle lunghe e pendenti. Era la madre di Fatma. Mi avvicinai a lei. Alle sue caviglie e ai suoi polsi tintinnavano anelli di rame.

Some large negroes passed by, dressed in white, who had bunches of jasmine on their ears and under their turbans. A few women passed, all veiled and mysterious. Among them, I tried to discover Fatma!...

My friends ate crumbly pomegranate sweets which smelled of roses, spicing them up with a honeyed lemonade full of pistachios.

It was dark. Beyond the houses with flowered terraces, the sunset dripped with incandescent lava. The sands burned. Then, slowly, as the night breeze blew, the flames and heat-waves subsided. The landscape is velvet with amethyst, and the sun, dying, dripped in liquefied and tasty gold that made me think of a hive dripping with honey. A distant island of vegetation appeared among the metallic and precious sands, like an emerald circled in gold. Mohamed bowed to the West, with one hand to his forehead, to ward off the evil spirits of the night.

On a terrace, an old man with a white beard, dressed in blue, unrolled a small mat, and from time to time, standing with his feet together, bent double, kneeling, face down, face to the ground, said his prayer to Allah, facing the West.

Women also went up to the neighboring terraces.

When the moist mother-of-pearl moon rose above the cottage opposite, Mohamed waved at me, squinting, and we followed him through the village. He had put some violets in his nostrils as a sign of joy.

We stopped in front of a group of four disjointed and oblique houses, whose terraces sloped down in a bizarre and pleasant disorder. They looked like four old witches in plaster and limestone, immobilized in an evening council.

In the middle of those houses, there was a courtyard. Mohamed entered through a shadowy portal and came out shortly afterwards, followed by a small and fat woman, with her head and mouth veiled. She had a flowing robe under which, one could guess with repugnance, sat long and drooping breasts. She was Fatma's mother. I walked over to her. Copper rings jingled at her ankles and wrists.

Poco dopo, giunse a noi, dall'interno, un mormorio. Alcune donne seguite da una marmaglia cenciosa circondarono Mohamed. Tutte gridarono, gesticolarono, alzando al cielo braccia color caffè e latte, coperte di tatuaggi rossicci e ticchet tanti di braccialetti. Si discuteva il prezzo di Fatma.

Trascinai Mohamed all'interno, per tagliar corto a quelle trattative. La luna già alta illuminava violentemente il muro che chiudeva in fondo il cortile. Ma la famiglia ci segui e la disputa ricominciò. Era lugubre e strano, nello scenario lussuoso del chiaro di luna orlato d'ombre, il tumultuare di quella famiglia scarmigliata che leticava pel prezzo della ragazza della casa.

"Purché Mustafà, suo marito, non sopraggiunga improvvisamente!" mi disse Mohamed.

E il prezzo venne fissato.

La madre ci lasciò per andare a cercare la figliuola. Mohamed s'arrampicò agilmente per una scaletta a piuoli fino alla più alta delle quattro terrazze. Egli voleva spiare il ritorno possibile del marito. Ritto, con le mani a visiera, cantò con voce monotona:

Hai, Ilat, la tua carne è soave,
La tua carne è dolce come la banana,
La tua carne è madreperlacea come la luna.
Ma la luna è fredda,
E le tue poppe bruciano sotto i miei baci.
Ilai, Ilai, la tua carne è soave!...

Ritto lassù, dominando il villaggio che dormiva accoccolato sulla riva del Nilo, Mohamed cantava, ed esplorava il fiume, le cui vaste acque oleose scorrevano pesan.temente. Qua e là, quelle acque sembravano sontuosi velluti addentati dalle fibbie d'argento della luna.

Shortly after, a murmur reached us from inside. A few women followed by a ragged mob surrounded Mohamed. They all screamed, gesticulated, raising to the sky coffee and milk colored arms, covered with reddish tattoos and jingling bunches of bracelets. Fatma's price was discussed.

I dragged Mohamed inside, to cut short those negotiations. The already high moon violently illuminated the wall that closed the courtyard at the end. But the family followed us and the dispute began again. It was dismal and strange, in the luxurious scenery of the moonlight edged with shadows, the tumult of that disheveled family that was laughing at the price of the girl of the house.

"Provided that Mustafa, her husband, does not appear suddenly!" Mohamed told me.

And the price was fixed.

The mother left us to look for her daughter. Mohamed nimbly climbed a ladder to the highest of the four terraces. He wanted to spy on the possible return of her husband. Standing, with his hands in visors, he sang in a monotone:

You have, Ilat, your flesh is sweet,
Your flesh is as sweet as banana,
Your flesh is pearlescent like the moon.
But the moon is cold,
And your breasts burn under my kisses.
Ilai, Ilai, your flesh is sweet!…

Standing up there, overlooking the sleeping village nestled on the bank of the Nile, Mohamed sang, and explored the river, whose vast oily waters flowed heavily. Here and there, those waters seemed sumptuous velvets bitten by the silver buckles of the moon.

Sul Nilo, nemmeno una barca. Altissima sull'orlo d'una nuvola, la luna sogghignava, faccia viziosa e ingessata, dagli occhi cerchiati di kohl azzurrognolo. Sul capo di Mohamed si incurvava un leggiadro cielo inargentato, intimo e artificiale come i cieli di certi antichi pannelli. Intorno, indefinibili ronzii d'insetti, e il miagolio d'una canzone lontana sul fiume...

Non mi ricordo affatto delle voluttà che mi diede la bella Fatma. Ella fu una femmina qualunque...

Mohamed continuava a cantare sotto la luna: *"liai, liai, la tua carne è soave!..."*

La camera era sudicia; il catino era giallognolo e screpolato!... E quella maledetta porta che veniva riaperta di continuo!...

E dire che avevo sospirato tanto quelle delizie!...

Ad un tratto, una fucilata, poi un grido straziante, nel chiarore lunare! (Mohamed non cantava più...) e il tonfo di un corpo pesante, a un piano superiore, forse su una terrazza!...

Io mi precipitai fuori. Nel cortile, un tumulto indescrivibile. Le donne gridavano lugubremente: "Mustapha ha ucciso Mohamed! Mustapha ha ucciso Mohamed!"

La marmaglia guaiva, terrorizzata. Io mi feci largo a gomitate, per arrampicarmi su per la scala a piuoli, e salii sulla terrazza più alta. Mohamed giaceva bocconi in una pozza di sangue.

Tentai di sollevare il cadavere.

Era già freddo e troppo pesante. Non mi fu possibile trasportarlo.

Nel cortile, i miei amici erano in preda allo sgomento, perché alcuni arabi erano venuti a dire che il marito di Fatma, Mustapha, voleva uccidere tutti.

Ma egli non fece altre vittime. Mi passò accanto senza nemmeno guardarmi. Aveva ucciso Mohamed, perché questi non gli aveva pagato, l'ultima volta, il prezzo della prostituzione di Fatma!...

Povero Mohamed el Ragel!

On the Nile, there was not even a lone boat. Very high on the edge of a cloud, the moon was grinning, a vicious and plastered face, with eyes rimmed with bluish trim. Over Mohamed's head curved a graceful silver sky, as intimate and artificial as the skies of certain ancient panel paintings. All around there was an indefinable buzzing of insects, and the meow of a distant song on the river…

I do not remember at all the pleasures that the beautiful Fatma gave me. She was an ordinary woman…

Mohamed continued to sing under the moon: *"Ilai, Ilai, your flesh is sweet!…"*

The room was filthy; the basin was yellowish and cracked!… And that damned door that was constantly being reopened!…

And to say that I had longed for those delights!…

Suddenly, a shot, then a heartbreaking cry, in the moonlight! (Mohamed was no longer singing…) and the thud of a heavy body, on an upper floor, perhaps on a terrace!…

I rushed out into the courtyard where there was an indescribable tumult. The women cried mournfully: "Mustapha killed Mohamed! Mustapha killed Mohamed!"

The mob howled, terrified. I elbowed my way, to climb up the ladder, and went up to the highest terrace. Mohamed lay face down in a pool of blood.

I tried to lift the body.

It was already cold and too heavy. It was not possible for me to carry it.

In the courtyard, my friends were in awe as some Arabs had come to say that Fatma's husband, Mustapha, wanted to kill everyone.

But he made no other victims. He walked past me without even looking at me. He had killed Mohamed, because he had not paid him, the last time, the price of Fatma's prostitution!…

Poor Mohamed el Ragel!

Eating In Dahabieh, I Blessedly Examine the Nile

Finalmente la stazione di Kafr-el-Zayat infagottata di carri, chiasso, *galabieh* e baracani mi scopre il Nilo e la sua opulenza tortuosa di fluidità torbide verdi e specchianti che portano maone armate d'altissime antenne. Becchi emersi di giganteschi fenicotteri naufragati. Ecco il corteo navigante di Sua Maestà il Cotone colle sue balle piombate monumentali. Scendere a colmi barconi il grande fiume mercantile color di coccodrillo bufalo e panno marrone londinese, per varcare il mare e mutarsi in vestiti europei.

Lo infronzola infiocca e ricama un volo spiralico di piccioni bianchi. La *dahabieh* che mi trasporta sembra una villetta turchina scivolata giù dalla riva del sonno. Sotto la chiglia incatramata il Nilo parlotta:

"Dormivi immobile. Ora dormi navigando. Se la mia marcia ti tedia ti offro i gradini delle mie rive perché tu salga alla pace dorata del cielo."

Sono gradini lunghissimi scolpiti dall'acqua nella franosa *hallaua* nerastra del limo. La *dahabieh* getta l'ancora nel giardino di Ghesireh.

A tavola, con vele lontane vicine inghirlandate di voli bianchi, beviamo un liquido sole nelle grandi vetrate quadre. Ci servono negri, facce di carbone con brilli solari, in *galabieh* abbacinanti e cinture di fiamma.

L'abbagliante Nilo che misura 700 metri di larghezza in questo punto e 1000 metri al di là dell'isola, drappeggia le lontane nebbioline grige irte di forbicianti becchi di antenne. Mi invitano alla velocità ed io le inseguo sorbendo un caffè turco in motoscafo.

Con languore sinuoso, il fiume mi svela, al di sopra del suo letto di terra nera e d'erba verde, il deserto. Dune. Solidificazione gialla di una musica di sabbia e vento con slanci, crescendo, cadenze arpeggiate, morendo in sordina e pizzicati soavissimi.

Se le sabbie insorgessero?

Prudentemente il Nilo alza e arrotonda nel sole una grande vela bianca come una gonna per difendere dal simun la sua dolce faccia di acqua.

Finally at the station of Kafr-el-Zayat bundled up with carts, noise, *galabieh* and shacks, I discover the Nile and its tortuous opulence of turbid green and mirror fluidity that bring *maonas* armed with very high antennas. There emerged beaks of giant shipwrecked flamingos. Here is the sailing procession of His Majesty the Cotton with its monumental leaded bales. Going down the great merchant river in the color of buffalo crocodile and brown London cloth, before crossing the sea and changing into European clothes.

The steam-plume flowered and embroidered a spiral flight of white pigeons. The *dahabieh* that carries me looks like a little blue house that has slipped off the shore in its sleep. Under the tarred keel the Nile speaks:

"You slept motionless. Now sleep sailing. If my march bores you I offer you the steps of my banks so that you may go up to the golden peace of the sky."

They are very long steps carved by water in the blackish *hallaua* of silt. The *dahabieh* drops anchor in the garden of Ghesireh.

At the table, with distant sails nearby garlanded with white steam, we drink a liquid sun in the large square windows. Negroes attend to us, charcoal faces with solar sparkles, in dazzling *galabiehs* and belts of flame.

The dazzling Nile, which measures 700 meters wide at this point and 1000 meters beyond the island, is draped by distant gray mists bristling with scissor antennas. They invite me to race, and I chase them while sipping a Turkish coffee on a motorboat.

With sinuous languor, the river reveals to me, above its bed of black earth and green grass, the desert. Dunes. Yellow solidification of a music of sand and wind with impulses, crescendo, arpeggiated cadences, dying on the sly and very sweet shore.

What if the sands arise?

Prudently the Nile raises and rounds a large white sail of mist like a skirt in the sun to defend its sweet water face from the flame.

La mia velocità accelera la magica elevazione di altre bianche vele. Questa, lentissima, sembra la candida grassa preghiera del fiume adorante, steso bocconi. Spalancare le braccia di tela. Gonfiarsi di estasi. La vela sale, sicura di placare la ferocia solare e di ottenere presto una fresca pace adamantina nelle stelle. Sonnecchiano, navigando all'ombra, i marinai coricati sul carico piramidale dello scafo immerso fino all'orlo. L 'istinto della prua veglia. Dietro viene il lungo timone nero, inutile come uno strascico di fango. Ciangottare del Nilo:

"Lentamente ingrasso la terra amica, ma le mie figlie di tela al vento si gonfiano la gota dell'alito santo di Allah misto di stelle e lo risoffiano dentro le vetrine degli orafi del Suk!"

Come una magica pompa, il *tuf tuf tuf* del motoscafo fa scaturire all'orizzonte di sinistra, sopra i verdi giardini cairoti, il lungo altopiano Mokatam alto 100 metri color di rosa lilla e la gioielleria della Cittadella con snelli minareti e cupole di carne intrise di cielo.

L'amico Grassi ha intuito il mio desiderio e lo converte in realtà, portandomi a velocità massacrante attraverso il quartiere dei morti, fino alle tombe dei Dervisci Abdullah el Meghauri.

My speed accelerates the magical elevation of other white sails. This, very slow, seems like the grand white prayer of the adoring river, lying face down. Open your canvas arms. Swell with ecstasy. The sail rises, sure to appease the solar ferocity and soon obtain a fresh adamantine peace in the stars. Sailors doze off, sailing in the shade, lying on the pyramidal load of the hull immersed to the brim. The instinct of the prow comes alive. Behind comes the long black rudder, useless as a train of mud.

The babble of the Nile:

"Slowly I fatten the friendly earth, but my daughters of cloth in the wind swell the cheeks of the holy breath of Allah mixed with stars and blow it back into the windows of the goldsmiths of the boroughs!"

Like a magic pump, the *tuf tuf tuf* of the motorboat brings forth on the left horizon, above the green Cairo gardens, the long 100-meter-high, lilac-pink Mokatam plateau, and atop, the jewel-like Citadel, with slender minarets and domes of flesh drinking in the sky.

My friend Grassi sensed my desire and converted it into reality, taking me at grueling speed through the neighborhood of the dead, to the tombs of the Dervishes: *Abdullah el Meghauri.*

Il Sacro Meccanismo

The Sacred Mechanism

Di furia rasentiamo i muraglieni della Cittadella, alti giubboni di pietra perpendicolari color deserto, pieghe rigide e bocche nere di cannoni inglesi all'occhiello.

Ai piedi dell'altopiano Mokatam, una scala ci fa passare sotto la camera-osservatorio del Capo dei Dervisci. Un cortiletto di pinastri e cipressi polverosi. Coi piedi fasciati di tela entriamo nell'ampia caverna scavata nel calcare. Tombe a destra e a sinistra. In fondo, in un quadrato di stuoie chiuso da griglie di ferro, tre arabe tutte fasciate di nero, coricate coi piedi volti all'entrata, rotolano come rulli tipografici per inchiostrarsi di fecondità.

Fuori, sulla terrazza piantata di eucaliptus, accovacciati o seduti sul marmo, i Dervisci in lunga abaia nera, berrettone bigio fasciato di bianco, contemplano. Il loro Capo li domina col verde del suo berrettone e collo scacciamosche che indica lontano, sopra la polveriera inglese, sopra i bulbi rigati e spinosi delle cupole dei morti, sopra il Nilo scorrente tra giardini verdi, lo splendore arancione delle piramidi. Tre. Geometriche. Ognuna col suo triangolo d'ombra cadente come un mantello fissato sull'occipite.

Un rumore di officina mi richiama nella caverna sacra. Come trottole i Dervisci girano, le braccia aperte. La casacca e la gonna bianche si svasano nel movimento rotatorio. Una mistica ingenuità implorante immalinconisce il viso emaciato che guarda la volta.

Lassù vibra e ronza il santo motore. Funzionano ora 15 torni della grande acciaieria stellare. Limare la terra. Levigarne la superficie scabra. Gli alti berrettoni bigi e senza fiocco trapanano l'aria dura. Di tanto in tanto come un olio cola su loro una lamentosa preghiera che pacifica gli strappi rugginosi degli strumenti musicali arabi.

La cenciosa orchestra ammucchiata stride, "Imitiamo i ritmi dell'universo! Meccanizziamo l' uomo-ingra naggio del sistema planetario!"

With fury we skim the walls of the Citadel, tall perpendicular desert-colored stone jackets, rigid folds and black mouths of English cannons in the gun well.

At the foot of the Mokatam plateau, a staircase takes us under the observatory room of the Chief of the Dervishes. A small courtyard of pine trees and dusty cypresses. With our feet wrapped in cloth, we enter the large cavern carved into the limestone. Tombs, left and right. In the background, in a square of mats closed by iron grids, three Arabs all wrapped in black, lying down with their feet turned towards the entrance, roll like typographic rollers to ink themselves with fecundity.

Outside, on the terrace planted with eucalyptus, crouched or seated on the marble, the Dervishes in long black dress, with gray berets wrapped in white, were contemplating. With prominent heads accentuated by the green of their hats and fly-swatter necks pointing far above the English powder magazine, above the striped and thorny bulbs of the domes of the dead, above the Nile flowing between green gardens, the orange splendor of the pyramids. Three. Perfect geometric shapes. Each with its falling shadow triangle like a cloak fixed on the occiput.

A clamor of machines calls me back to the sacred cave. Like tops, the Dervishes spin, arms outstretched. The white tunic and skirt flare in the rotational movement. A mystical, imploring naivety melts the emaciated face that looks at the vault.

Up there the holy engine vibrates and hums. Fifteen lathes of the great stellar steel mill are now in operation. Filing the earth. Smoothing the rough surface. The tall gray unbowed caps pierce the hard air. From time to time, like oil, a plaintive prayer drips over them, pacifying the rusty snags of Arab musical instruments.

The ragged, crowded orchestra screeches, "Let's imitate the rhythms of the universe! We mechanize the human-gears of the cosmic order!"

Si ferma un tornio umano. Due. Cinque. Sudati. Questo sfinito, si accuccia, vicino a me, sulla stuoia. I più validi vanno a prendere I *burnuss* dei compagni vecchi, li coprono amorevolmente, poi tutti, le gambe incrociate, incominciano a pregare. Allora soltanto scorgo il Capo, l'unico rimasto sulla stuoia mentre gli altri giravano. Il suo berrettone grigio sulla faccia di cenere ascolta la preghiera. Si alza. Si alzano. Lo seguono con un lungo *huuuu* di sirena nella nebbia del Tamigi.

A human lathe stops. Two. Five. Sweaty. An exhausted one crouches next to me on the mat. The most ambulatory go to get the *burnouses* of their old companions, cover them lovingly, then all, crosslegged, begin to pray. Only then do I see the chief, the only one left on the mat while the others have turned away. His gray cap sits on his ashen face while he listens to the prayer. He gets up. They follow suit with a long siren *huuuu* as if in the fog of the Thames.

I Bardotti Di Sua Maestà Il Cotone

Una folla d'arabi cenciosi, verde gialla blu, guarda lo stridore doloroso di perni e ruote manovrate di un ponte di ferro, che, girando lentamente, lascia passare alte vele di cielo e bardotti di fango, tesi su lunghe corde tese.

Folla sonnambula. Stordita dalla luce. Ancora tutta affumicata e sudicia del suo villaggio color cioccolato, basso tortuoso casupolame di limo, bovine capretti cani galline fetori, sgargianti cocoricò di galli e bufali neri che puntano le corna contro la splendida maiolica lavata del cielo.

The Bardotti by Her Majesty the Cotton

A crowd of ragged Arabs, green, yellow, and blue, observes the painful screeching of pivots and cogwheels on an iron bridge, which, turning slowly, permits passage of high sails through sky and muddy riverbed, stretched on long taut ropes.

I observe a sleepwalking crowd. Stunned by the light. Still all smoky and filthy from its chocolate-colored villages, low winding silt hovels, cattle, goats, dogs, hens, reeking of gaudy groups of roosters and black buffaloes pointing their horns against the splendid washed majolica of the sky.

Strette nel bacino della chiusa, le barche sono inquiete di portare un carico di cotone rozzo: gemere, brontolare, scricchiolare di rabbia in quella trappola europea! Con passo pesante e ritmato si avanzano quattro bardotti negri, straccioni, seminudi. Senza fine, curvi, scavare il fango e fissarlo, senza fine.

Tendere la corda per trascinare a distanza l'enorme veliero semiaffondato sotto un carico milionario di cotone che schiaccia i sacchi torridi dei semi. Questi maturano già la fibra futura più bianca, più lucida, più lunga di questa. Ne comanda la navigazione, a cavallo della barra del timone, un negretto che addenta un pezzo di canna da zucchero.

Le barche del cotone assediano sulla riva un piccolo cimitero arabo le cui tombe grige con steli, turbanti, e spade di agavi, scendono a bagnarsi nel Nilo. Sonagli e nenie nasali nella lana calda dell'atmosfera.

Sulle lucide rotaie uno sbuffante treno di Water Tank in manovra ammonisce coll'insegna; "Beware of Trains" dei marmocchi neri colonizzati dalle mosche e dal sole già alto. L'ampio tondo fumo candido della locomotiva incensa un minareto azzurro il suo frutto azzurro o muezzin, e il suo grido azzurro lanciato al Nord Sud Est Ovest:

Allaaaah Ahkabar!

L 'aureolano falchi veloci che da veri « spazzini alati » covano dall'alto una carogna di cane il cui fetore, ecco, addolcisce l'acre fumo aromatico di un forno costruito con mattoni di sterco di cammello cotto al sole.

Crammed in the lock basin, the boats are anxious to carry a load of crude cotton: moaning, grumbling, creaking with rage in that European trap! With a heavy and rhythmic step, four black, beggarly, half-naked sailors advance. Infinitely occupied, curved, and digging the mud while staring at it, endlessly.

They tighten the rope to drag the huge half-sunken sailing ship some distance under a millionaire load of cotton that crushes the torrid sacks of seeds. These already ripen the future fiber whiter, shinier, and longer. A little black man who bites into a piece of sugar cane commands its navigation, astride the tiller.

Cotton boats besiege a small Arab cemetery on the shore whose gray graves with stalks, turbans and agave swords descend to bathe in the Nile. Nasal rattles and lullabies resound in the warm wool of the atmosphere.

On the shiny rails a snorting steam-train maneuvers, warning with a sign, "Beware of Trains." Black brats are colonized by flies, and the sun is already high. The wide round white smoke of the locomotive incenses a blue minaret, its blue-clad *muezzin*, and its blue cry launched to the four winds:

Allaaaah Ahkabar!

Hawks circle above in a halo, winged scavengers jealously watching over the carcass of a dog, whose stench softens the acrid aromatic smoke of an oven built with bricks of camel dung, cooking in the sun.

Tattilismi Rissanti Del Grassume Fecondo
E Della Vetrosità Sterile

Una sensualità acuta arroventa le mie labbra e le mie nari. I miei nervi che, prolungandosi, hanno rivestito le ruote della mia automobile, mi trasmettono gli svariati godimenti tattili dei pneumatici.

Strada grassa di terra nera e fango. Carnosa, bisunta, satura di germi. I fianchi le franano giù nella distesa della campagna bassa di stagni torbidi, norie scheletriche torturate da cavalli scheletrici, bufale di bronzo incastonate nello smeraldo dei prati, ibis estatici e fiocchi volanti di piccioni.

Resistant Tacts of Fresh Fat
And Sterile Glass

An acute sensuality makes my lips and nostrils hot. My nerves, which, over time, have coated the wheels of my car, transmit to me the various tactile pleasures of the tires.

Fat road of black earth and mud. Fleshy, greasy, saturated with germs. The flanks slide down into the low country expanse of murky ponds, skeletal *norias* tortured by skeletal horses, bronze buffaloes set in the emerald of the meadows, ecstatic ibises and flying slivers of pigeons.

Bruscamente la mia pelle oliata di Nilo trema all'orlo di un nuovo mondo tattile, tutto secco vetroso o metallico: il deserto!

Entro nella afosa imbottitura di un orizzonte di sabbia. Sakkarah. Suirasinello le mie mani arse godono l'umidità della groppa sudata sotto la sella. L 'atmosfera è arida. Preziosamente una goccia di sudore brilla come una perla ideale sulla fronte della mia compagna che sembra la Regina di Saba fra i ceffi nerastri affannati e vocianti degli asinari.

Un trotterellare come di bimbi sull'infinito materasso di sabbie. Sono queste le sue succhianti e sfuggenti tenerezze.

Suddenly my Nile-oiled skin trembles at the edge of a new tactile world, all dry, glassy and metallic: the desert!

I enter the sultry padding of a horizon of sand. *Sakkarah.* Sensually my parched hands enjoy the humidity of the sweaty rump under the saddle. The atmosphere is arid. Preciously a drop of sweat shines like a perfect pearl on the forehead of my companion, who looks like the Queen of Sheba, among the panting, noisy blackish brutishness of the donkeys.

They trot like children on the infinite mattress of sand, his succulent and fleeting tenderness.

Spessori Pensanti Del Deserto

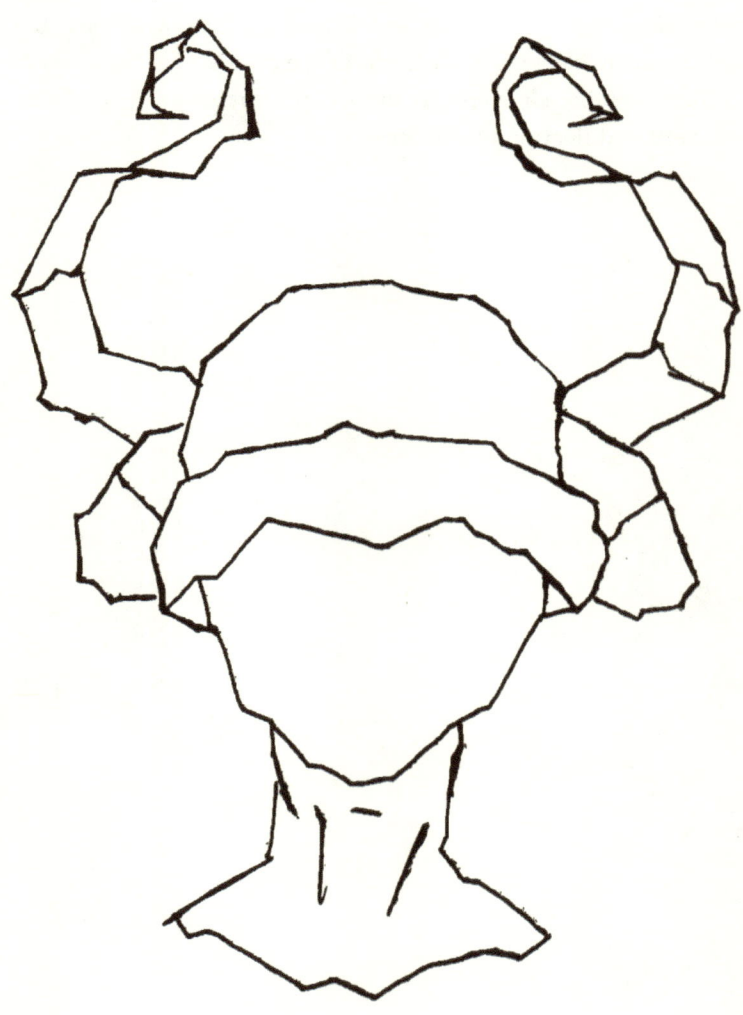

Thinking Malaise of the Desert

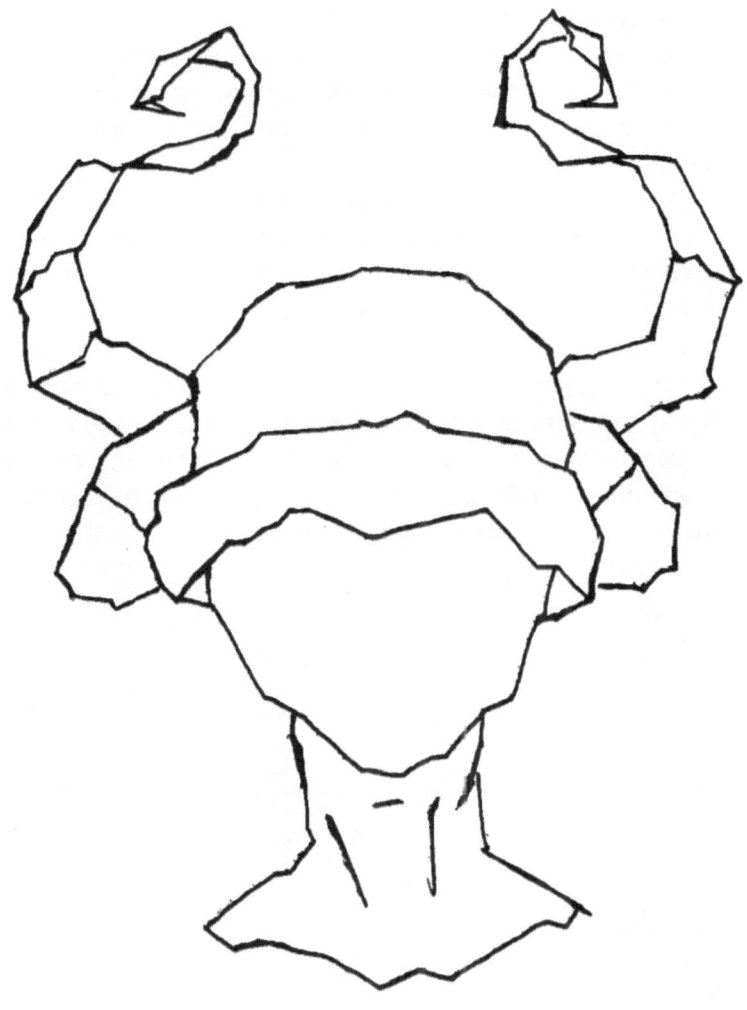

Il deserto è il cuore inumano del globo terracqueo. Certo, colle zampe agili e fragili degli asinelli, noi dipaniamo la matassa dei suoi più freddi e misteriosi sentimenti. Vive e pensa la sabbia, ma non vuole parlare. Monotona assente distratta. Né dire né dare nulla all'uomo. Scavata dalla ruga di un sentiero, ci accoglie tacendo. Tremendo silenzio del Serapium sotterraneo coi suoi sarcofaghi di granito che contennero i Buoi Sacri. Eppure, colla massima cura, li avevano inzuppati di bitume sainitro piante aromatiche poltiglie d'oro gemme e papiri! Errore questo, poiché la rapacità e la curiosita umana riuscirono a vincere e a disperdere la loro coesione immortale.

Ma, con quali leve di audacia muscoli e ferro, poterono mai i ladroni sollevare o spaccare quegli smisurati coperchi tombali? Certo le muggenti maledizioni di quel bestiame, denso di tanta vita artificiale, li fulminarono tutti nella sabbia che, da fedele guardiana, subdolamente catturava la fuga dei loro passi notturni.

Tanto si sente e si vede salire, come lunghi raggi neri, dallo spessore del deserto le tenaci volontà che ronzano come dinamo nella fronte e nel petto di quei Re, Guerrieri, Magistrati, Coccodrilli e Buoi Sacri. Vivono realmente nella permanenza reale dei loro ritratti d'oro argento rame pietra!

The desert is the inhuman heart of the globe. Of course, with the agile and fragile legs of donkeys, we unravel the skein of his coldest and most mysterious feelings. The sand lives and thinks, but does not want to talk. Monotonous, absent, and distracted. The dunes neither say nor give anything to man. Leading us through a wrinkled path, it welcomes us in silence. A tremendous silence pervades the underground Serapium with its granite sarcophagi which contained the Sacred Oxen. Yet, with the utmost care, they had been soaked in aromatic plants, golden poultices, gems and papyrus! This was a mistake, since human rapacity and curiosity succeeded in overcoming and dispersing their immortal cohesion.

But, with what levers of audacity, muscles and iron, were the robbers ever able to lift or break those enormous tomb covers? Certainly the bellowing curses of that cattle, full of so much artificial life, must have struck them all into the sand, as a faithful guardian, furtively captured the escape of their nocturnal steps.

So much is felt and seen, rising from the thickness of the desert like long black rays, the tenacious wills that buzz like dynamos in the foreheads and in the chests of those Kings, Warriors, Magistrates, Crocodiles and Sacred Oxen. They truly live in the real permanence of their portraits of gold, silver, copper, stone!

La Piramide Arde

Cosi ebbri di rinnovata gioia terrestre, lasciammo quelle dune e quelle tombe piene di vita per la molle strada di limo, come si esce da un duro letto ascetico per scivolare in una vasca profumata.

Galleggiano nell'aria del meriggio le teste dei cammelli infangati che scopano ironicamente la nostra automobile col loro ampio carico di canne da zucchero e foglie di granoturco. I più gravati mostrano soltanto le zampe, ondulanti boschi in marcia. Un negro che attinge l'acqua di un pozzo col sciaduf mi accende la bocca, e giungo assetato nella immensa fiamma gialla che vibra sulla faccia della piramide di Ghiseh. Arde tutta, ma è tutta fresca di spazio quella ansia costruita di tre strade che, per giungere al sole, rizzandosi s'incontrano nella cima luminosa.

Religiosamente ne visito la base. Altezza umana di ogni blocco. Poi me ne distacco. La groppa gigantesca, la coda girata e le zampe allungate di mattoni della Sfinge offrono miseri tappeti d'ombra. In uno di questi, undici arabi, asinari o guide, si coagulano formando una macchia nerastra intorno ad una gargoletta d'acqua, poche cipolle e una piatta pizza malcotta.

The Burning Pyramid

So intoxicated with renewed earthly joy, we left those dunes and graves full of life for the soft silt road, as one comes out of a hard ascetic bed to slip into a perfumed tub.

The muddy heads of the camels float in the afternoon air as they drunkenly sweep against our car with their large load of sugar canes and corn leaves. The most heavily burdened show only their legs, undulating twigs on the march. A black man draws water from a well with the pail, reminding me of my thirst, and I come parched into the immense yellow flame that vibrates on the face of the pyramid of Giza. It burns all the way up, anxiously built up from three roads, to reach the sun, they rise up, and meet at the luminous peak.

Religiously I visit the base to ascertain a human height of each block. Then I detach myself from it. The gigantic rump, turned tail and elongated brick paws of the Sphinx offer meager carpets of shade. In one of these, eleven Arabs, donkeys and guides, coagulate in a blackish spot around a puddle of water, a few onions, and a flat, battered pizza.

Secondo gruppo buio nel chiaro splendore: pranza sulla sabbia una famiglia egiziana. Soave trasparenza del velo nero sugli occhi nerissimi. Un collo di pelliccia anacronistica su quella toeletta di seta europea. La bambinaia di Kartum porta un pupo di carbone fra le pieghe rigide della lana grezza biancastra che le infagotta il corpo e le maschera il volto. Quando si alza il suo strascico duro e pesante cancella severamente sulla sabbia le orme dei suoi piedi nudi. Il sole morde le pieghe della melaia nera della padrona che nasconde anche il naso sotto l'esmac abiad. Tintinnano i suoi braccialetti d'oro. *Zirzir zirzirzir* di un batticoda elegante e parigino che balla sul ruvido granito eterno. *Tuv tuv* di tortore e piccioni sul naso rotto della Sfinge. *Io io io* di un asino in un palmeto lontano.

A second group came, they were dark and in clear splendor: an Egyptian family has lunch on the sand. I see the sweet transparency of the black veil on those very black eyes. An anachronistic fur collar on that European silk dressed table. A Khartoumese caretaker carries a coal-black baby between rigid folds of whitish raw wool; it wraps her body and masks her face. When he gets up, his hard and heavy gait erases the footprints of his bare feet in the sand. The sun bites the folds of the mistress's black mask, which also hides her nose. Her gold bracelets tinkle. I hear the *zirzir zirzirzir* of an elegant Parisian tail-stock dancing on the eternal rough granite. I perceive the *tuv tuv* of turtledoves and pigeons on the broken nose of the Sphinx. Distantly I can hear the *Io Io Io* of a donkey in a distant palm grove.

Una Piramide Tutta Da Mangiare

Ho fame. Si mangerà fra urr'ora all'Albergo Meana. Intanto la piramide calda sfugge tutte le definizioni coloristiche: oro vecchio, velluto arancione, vampa rosea solidificata, ecc. Non ha nulla di nostalgico. Nulla di eterno. Non insegna. Non impera. Piuttosto si offre da mangiarsi subito in tavola o meglio in questo fastoso deserto imbandito. Il profumo delle sue calorie saporite cerca sinuosamente le mie nari. La sua crosta si screpola coi riverberi deirimmenso e sapiente forno solare. Cotta a puntino. Mi schiocca involontariamente la lingua in bocca. Non per nulla le palme lontane ripetono i saluti cerimoniosi dei loro ciuffi, sopra le dune che si mutano magicamente in cupole di hallaua e lucumie intarsiate di mandorle e noci. Il cielo è dolce e untuosamente bianco come la migliore conserva di mastica, quella in cui cadde e mori la bimba adorata del più geniale dolciere d'Egitto.

To Eat an Entire Pyramid

I'm hungry. We will eat soon at the Meana Hotel. Meanwhile, the scalded pyramid escapes all coloristic definitions: old gold, orange velvet, solidified rosy flame, etc. It has nothing nostalgic about it. Nothing eternal. It does not teach. It does not rule. Rather, it offers itself to be eaten immediately on the table, or rather in this sumptuous desert set. The scent of its savory calories sinuously seeks my nostrils. Its crust cracks with the reflections of the immense and skillful solar oven. Cooked to perfection. I click my tongue in my mouth involuntarily. It is no coincidence that distant palms repeat the ceremonious greetings of their tufts, above those dunes that magically change into domes inlaid with almonds and walnuts. The sky is sweet and oily white, like the best mastic preserves, that in which the adored child of the most brilliant confectioner in Egypt fell and died.

A ll'ombra crescente della Sfinge dimentico la colazione dell'Albergo Meana e mi assopisco masticando un delizioso pezzo di Piramide. Quando mi svegliai le ombre erano in marcia nel deserto come un esercito tenebroso. La piramide di Ghiseh mi appari tutta costruita di pistacchi cristallizzati. Ne mangiai ancora, prevedendo ciò che avvenne nel tornare al Cairo, quando, voltandomi in velocità, la vidi ricomporsi nelle antiche visioni romantiche. Già galleggiava nel liquido oro rossastro di un tramonto victorhughiano. A destra, il candido stelo fiorito di un minareto e il ciuffo altissimo di una palma si diluivano come due pastiglie di pace obliosa nell'acqua argentea del crepuscolo.

A mezzanotte all'Albergo Semiramis l'alito del Nilo apriva delicatamente la mia finestra. Nel vano la luna tonda posava leggera sul fogliame aperto di un banano.

Eh! Eh! Eh! abbaiavano i gafir notturni chiamandosi l'un l'altro. Prima che mi fosse rubata, mangiai la luna, convinto che l'appetito ha sempre ragione, tanto ero incantato da questa esaltante gara di dolci arabi.

In the growing shadow of the Sphinx, I forget the breakfast at the Meana Hotel and I doze off chewing a delicious piece of Pyramid. When I woke up the shadows were marching through the desert like a dark army. The pyramid of Giza appears to me entirely built of crystallized pistachios. I ate some more, foreseeing what happened on my return to Cairo, when, turning around at speed, I saw it recomposed in the ancient romantic visions. Already it was floating in the reddish-gold liquid of a Victor-Hughian sunset. On the right the white flowered stem of a minaret and the very high tuft of a palm were diluted like two tablets of oblique peace in the silvery water of twilight.

At midnight at the Semiramis Hotel the breath of the Nile gently opened my window. In the void the round moon rested lightly on the open foliage of a banana tree.

Eh! Eh! Eh! the nocturnal birds barked calling each other. Before it was stolen from me, I ate the moon, convinced that the appetite is always right, I had become enchanted by this exciting competition of Arab sweets.

A Passeggio Con Mia Madre Sulla Spiaggia Del Porto Antico

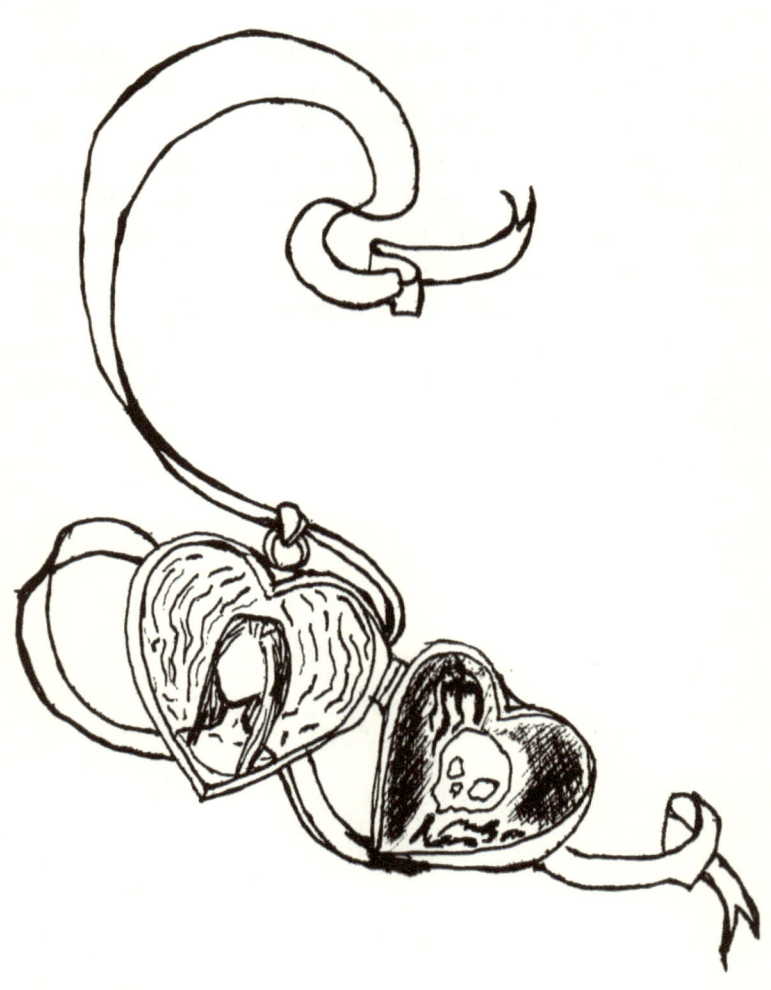

A Walk with My Mother on the Beach
Of the Ancient Port

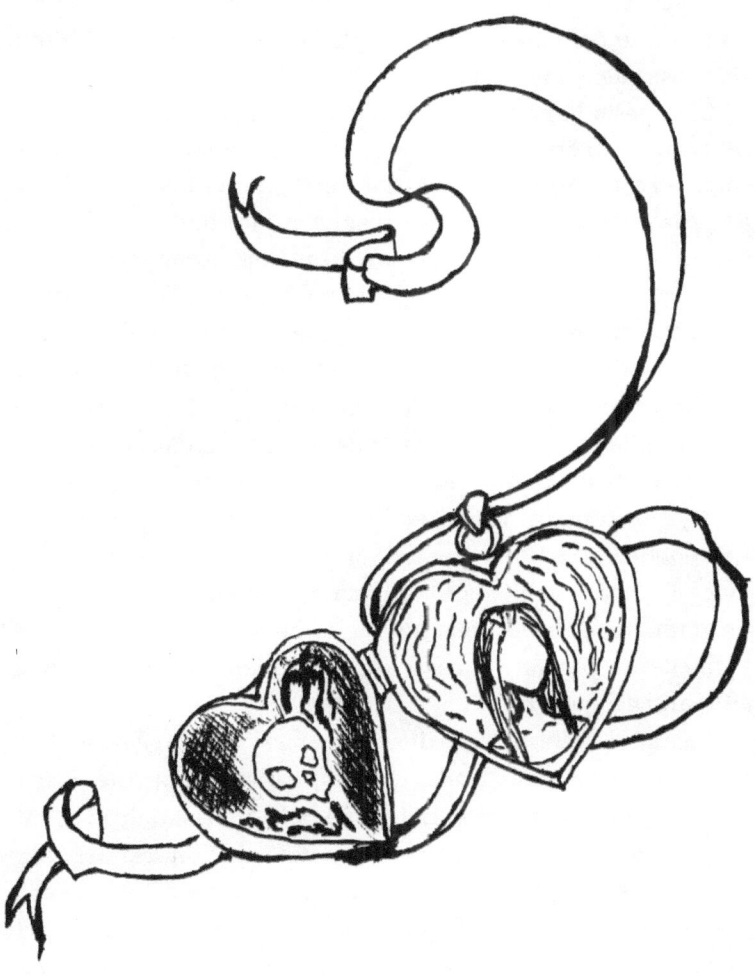

In uno di quei tipici pomeriggi del gennaio egiziano, tanto lenti molli estatici e dorati, mi recavo a visitare Costantino Cavafy, celebre poeta greco che preferisce la sua Alessandria natale alla sua Atene lontana e distratta.

Me ne parlava eloquentemente l' intelligente pubblicista italiano Catraro, mentre coglievo in giro e valutavo le ragioni di nostalgia storica che possono legare l'animo di un poeta all'azzurro semicerchio del Porto Antico ora deserto ma certo ingombro di sontuose galere invisibili.

Era questa la passeggiata serale preferita da mia madre che, sedicenne, accompagnavo cercando di armonizzare i miei passi sognanti coi suoi decisi e frettolosi. Lei sembrava inseguire un suo doloroso rimpianto; io ero magnetizzato dalle vampe del tramonto, che, maestro di guerra e di eroismo, scenograficamente provava e riprovava tutte le possibili battaglie di nuvole, cavallerie purpuree, fucilerie di raggi, crolli di castelli d'oro, ecc.

Ci assalivano i fetori mordenti del grande mattatoio, casupolame violaceo assediato da ammassi di velli sanguinolenti, cumuli di immondizie e iracondi muggiti. Le mie nari ricordano l'orrendo fiato della Morte onnipresente in quel sinistro paesaggio di odori, fra le ombre di un bestiame spettrale che spaventava i piedi dei passanti arabi in gonna e ciabatte nere lungo l'acqua splendente. Ora il grande mattatoio non esiste più; un'ampia banchina selciata, difesa da blocchi di calcestruzzo, ci permette di giungere senza scosse ai ruderi romani di Selsele affioranti nel mare blu.

Fresca salsedine volante di ricordi amari. Fruscio gasoso della schiuma, che eccitava i miei tuffi di bambino nuotatore. Siamo due profili d'ebano contro un lucente cielo di mastica bianca, ritti sulla unghia rosea della mano di una delle due braccia del Porto Antico. L 'altra spinge nell'alto mare il Forte Kaid Bey, vecchia costruzione biancastra e fragile, che, certo, l'occhio visionario di Cavafy non vede, poiché si rizza al suo posto l'antico faro meraviglia del mondo.

"Torniamo a casa, Tom!" diceva mia madre.

On one of those typical Egyptian January afternoons, so slow, soft, ecstatic and golden, I went to visit Costantino Cavafy, the famous Greek poet who prefers his native Alexandria to his distant and distracted Athens.

The brilliant Italian publicist Catraro spoke eloquently about it, while I was picking around and evaluating the reasons for historical nostalgia that can link the soul of a poet to the blue semicircle of the Porto Antico, now deserted but certainly cluttered with sumptuous invisible galleys.

This was my mother's favorite evening walk, on which I accompanied her while trying to harmonize my dreaming steps with her determined and hasty ones. She seemed to be pursuing her painful regret; I was magnetized by the flames of the sunset, which, as a master of war and heroism, scenographically tried and re-tried all the possible battles of clouds, purple cavalry, rifles shooting, collapses of castles of gold, etc.

We were assailed by the biting stench of the great slaughterhouse, purple hovels besieged by piles of bloody fleece, heaps of rubbish and angry bellowing. My nostrils recall the horrendous breath of Death omnipresent in that sinister landscape of smells, among the shadows of a ghostly cattle that frightened the feet of Arab passersby in black skirts and slippers along the shining water. Now the great slaughterhouse no longer exists; a wide paved quay, defended by concrete blocks, allows us to reach the Roman ruins of the *Selsele* outcrop in the blue sea without shocks.

Fresh flying salt of bitter memories. Gaseous rustles of foam, which excited my dives as a young swimmer. We are two ebony profiles against a bright sky of white gum, standing on the pink nail of the hand of one of the two arms of the Porto Antico. The other pushes the Kaid Bey Fort into the high seas, an old whitish and fragile building, which, of course, the visionary eye of Cavafy does not see, since the ancient lighthouse, wonder of the world, stands up in its place.

"Let's go home, Tom!" my mother said.

"Torniamo," dico ora al mio compagno. Subito il tramonto torbido si muta nel grande mattatoio di una volta, vaporante budellame rossastro crollato giù sopra un bananeto le cui foglie di smeraldo e perle inceneriscono.

Al crocevia del Caraeoi sfioro il geometrico andirivieni della sentinella inglese e i gradini del Club Mohamed Ali, forse osservati da me stesso bambino, attento ancora alle sbarre del balcone della mia casa paterna. Questo vocio di scolaresca e di galli è di oggi o di allora? Più alta del minareto e del *muezzin* già assorbiti dalla notte, una palma ci benedice sulla soglia del poeta Cavafy.

"Let's go back," I say now to my companion. Immediately the murky sunset changes into the great slaughterhouse of the past, steaming reddish guts collapsed down, incinerating the emerald leaves and pearls of a banana grove.

At the *Caraeoi* crossroads I encounter the geometric comings and goings of the English sentry and the steps of the Mohamed Ali Club, perhaps observed by myself as a child, still sensitive to the bars of the balcony of my paternal home. Is this clamor of schoolchildren and roosters of today, or of then? Higher than the minaret and *muezzin* already absorbed by the night, a palm tree blesses us on the threshold of the poet Cavafy.

Il Poeta Greco-Egiziano Cavafy

Eccolo, piccola testa grigia di dolce testuggine intelligente, esili braccia che remano fuori dall'im menso guscio greco-rom ano d'ombra dotta, velluti rosso cupo e quadri che piovono secoli polverizzati.

Rosso cupo anche i pantaloncini ornati d'oro del servo sudanese che mi porge sulla sanieh un whisky and soda e il tradizionale mézé di formaggio greco. Masticando tutti e due, lui come un pastorello arcadico, io come un volantista in corsa, intavoliamo una discussione sulla Poesia di domani.

The Greek-Egyptian Poet Cavafy

Here it is, a small gray head of a sweet intelligent tortoise, slender arms that hang like oars out of the immense Greco-Roman shell of this wise old shade, with dark red velvet walls and paintings that rain pulverized centuries.

Also dark red are the gold-decorated shorts of the Sudanese servant who hands me a whiskey and soda and the traditional Greek cheese mézé over the sanieh. Chewing, he like an Arcadian shepherd boy, I like a running flyer, we start a discussion on the poetry of tomorrow.

Cavafy loda il Movimento Futurista, ma dichiara igienica la sua "interpretazione simbolica delle fasi storiche applicate alla povera vita diuturna."

Aggiunge: "Questa interpretazione deve essere verbalizzata senza i vecchi metri e senza la rima, nel verso libero."

Gli rispondo che occorre sorpassare il verso libero e giungere al simultaneismo delle parole in libertà che esprimono meglio la nostra grande civiltà meccanica veloce.

La conversazione si eleva. Vi partecipano altri ammiratori. Tutti tessono l'elogio del poeta originale che ci ospita. Viene dimostrato con esempi che il poeta greco Palamas, rivale di Cavafy, ricorda Victor Hugo per l'abbondanza verbale e Lamartine per il sentimentalismo; Malakassis è una miscela di De Musset e di Sully Prudhomme; Porfiras, il più giovane dei poeti greci, riassume Baudelaire e Verlaine; i sonetti di Griparis fanno pensare a quelli di Josè Maria de Heredia.

Commosso il padrone di casa mi offre un nuovo mézé di formaggio e mi spiega la sua volontà di precisare scolpire letterariamente nei suoi versi liberi la lingua demotica, cioè la lingua greca popolare esaltata dal celebre linguista Psycharis.

Questa ha una vitalità potente fuori e contro la grammatica classica che, rigidamente passatista, è ormai destinata a morire nelle biblioteche.

La lingua demotica è dinamica. Si presta ad accogliere tutti gli indispensabili vocaboli stranieri. Specialmente i vocaboli italiani.

Cavafy recita alcuni versi dove le parole *porta cappello calze guanti* carriera suonano armoniosamente come necessari neologismi bene amalgamati; e mi dimostra come parole inglesi francesi spagnole equivalenti stonino.

Si parla dell'ibsenismo degli autori teatrali Xenopulos e Nirvana. Spiro Melas al contrario svolge una attività quasi futurista colla sua "Scena Libera" dove le opere del teatro avanguardista francese sono ottimamente interpretate dalla compagnia di Maria Cotopuli, la Duse di Atene, secondo il giudizio del maggiore quotidiano greco, "Elefteron Vima."

Cavafy praises the Futurist Movement, declaring its "symbolic interpretation of historical phases applied to poor daily life" hygienic.

He adds: "This interpretation must be verbalized without the old meters and without the rhyme, in the free verse."

I reply that it is necessary to surpass the free verse and reach the simultaneity of the words in freedom that best express our great fast mechanical civilization.

The conversation rises. Other admirers participate. Everyone praises the original poet who hosts us. It is shown with examples that the Greek poet Palamas, Cavafy's rival, remembers Victor Hugo for his verbal abundance and Lamartine for his sentimentality; Malakassis is a blend of De Musset and Sully Prudhomme; Porfiras, the youngest of the Greek poets, sums up Baudelaire and Verlaine; the sonnets of Griparis suggest those of Josè Maria de Heredia.

Moved, the landlord offers me a new mézé of cheese as he explains to me his desire to literally sculpt in his verses the demotic language that is the popular Greek language exalted by the famous linguist Psycharis.

This has a powerful vitality outside and against classical grammar which, rigidly traditionalist, is now destined to die in libraries.

The demotic language is dynamic. It lends itself to welcoming all the indispensable foreign words. Especially the Italian words.

Cavafy recites some verses where the words *wear hat socks gloves* sound harmoniously like necessary neologisms well blended; and shows me English, French, and Spanish equivalent words out of tune.

We talk about the Ibsenism of the playwrights Xenopulos and Nirvana. Spiro Melas, on the contrary, carries out an almost futuristic activity with his "Free Scene" where the works of the French avant-garde theater are excellently interpreted by the company of Maria Cotopuli, the Duchess of Athens, according to the opinion of the major Greek daily, "Elefteron Vima."

Quando finalmente Cavafy, pregato da tutti, si decide a regalarci la declamazione di una sua lirica inedita, Catraro interviene per spiegarne il titolo misterioso: Il Dio abbandona Antonio. Si legge infatti in Plutarco che mentre Antonio cedeva alla voluttà di Cleopatra in Alessandria, si udì una sera allontanarsi sul mare un coro melodioso di voci mandole e flauti. Tutti rapiti corsero sulla spiaggia del porto, ma nulla videro. Era Dioniso, il protettore di Antonio, che abbandonava il suo protetto.

Cavafy sillaba lentamente i suoi versi liberi accompagnandoli con un gesto che arabesca lo spazio minuziosamente.

Ogni tanto la mano ricade sotto il peso languido della musica verbale. Catraro traduce:

Se, a tarda notte,
Un'orchestra invisibile si allontana,
Intorno riversando e voci e musiche
Meravigliose – i morituri giorni di tua Fortuna, e l'opre tue fallite, e
Di tua vita le mendaci brame,
Deh! non velar d'inutil pianto.
Qual prode che da lungo attenda
Tal ventura, rivolgi pure l'estremo
Saluto ad Alessandria fuggitiva.
Né t'ingannar: non dir "Fu sogno"
Non dir che male udisti:
Disdegna simili speranze vane:
Qual prode che da lungo attende,
E come si conviene a te,
Signor di tal città,
Fiero al veron t'inchina,
Tralascia il lamentar codardo,
E palpitando ascolta – estremo gaudio
Ascolta le melodi,
E dell'orchestra mistica
I bei strumenti – Ascolta,
E dona ultimo saluto
Ad Alessandria, alla città che perdi.

When finally Cavafy, prayed to by everyone, decides to give us the declamation of one of his unpublished poems, Catraro intervenes to explain its mysterious title: The God abandons Antonio. In fact, we can read in Plutarch that while Antony was giving in to the voluptuousness of Cleopatra in Alexandria, one evening a melodious chorus of mandolas and flutes was heard moving away over the sea. All ran to the port beach, but they saw nothing. It was Dionysus, the protector of Antony, who abandoned his protege.

Cavafy slowly syllabizes his free lines, accompanying them with a gesture that was surreptitiously arabesque.

Today so many hands recall the languid weight of the music he sang. Catraro translates:

If, late at night,
An invisible orchestra moves away,
Pouring around and voices and music
Wonderful – the dying days of your Fortune, and your failed works, and
The false desires of your life,
Ah! do not hide from useless tears.
What warrior who has been waiting for a long time
Such a fortune, go to the extreme to
Salute to fugitive Alexandria.
Neither deceive you: do not say "It was a dream"
Do not say what evil you heard:
Disdain such vain hope:
What warrior who has been waiting for a long time,
And as befits you,
Master of that city,
Proud as iron unbowed,
Leave out the cowardly lament,
And throbbing listens – extreme joy
Listen to the melodies,
And the mystical orchestra
The beautiful instruments – Listen,
And give last farewell, To Alexandria, to the city you lose.

Congedatomi un'ora dopo dal poeta, corsi in automobile a godermi le penombre profumate di gaggie del Giardino Antoniadis.

Luna piena. Usignoli. Nell'atmomosfera estatica il colonnato di alti camerus gronda un latte immateriale. Di tanto in tanto un fragore sordo e dei tonfi: demoliscono l'antica Villa piena di ricordi per improvvisarne una modernissima destinata ai Sovrani europei in visita.

Rombo di autocarri carichi di marmi antichi. Talvolta il crollo funebre delle macerie evoca un ilare scoppio di granate.

Il canale Mahmudieh è pieno di liquide lune nostalgiche come i versi liberi modernissimi e vetusti del poeta greco di Alessandria, Costantino Cavafy.

Taking leave of the poet an hour later, I raced by car to enjoy the shadows scented with gaggie flowers in the Antoniadis Garden.

It was a full moon, surrounded by nightingales. In the ecstatic atmosphere the colonnade of tall stone drips an immaterial milk. From time to time a dull roar ended with thuds: they demolish the ancient Villa, which is pregnant with memories, to improvise a very modern one intended for visiting European sovereigns.

The rumble of trucks loaded with ancient marble. Sometimes the funeral collapse of the rubble evokes a hilarious burst of grenades.

The Mahmudieh canal is full of liquid nostalgic moons, much like the very modern and ancient free lines of the Greek poet of Alexandria, Costantino Cavafy.

La Morte Vinta

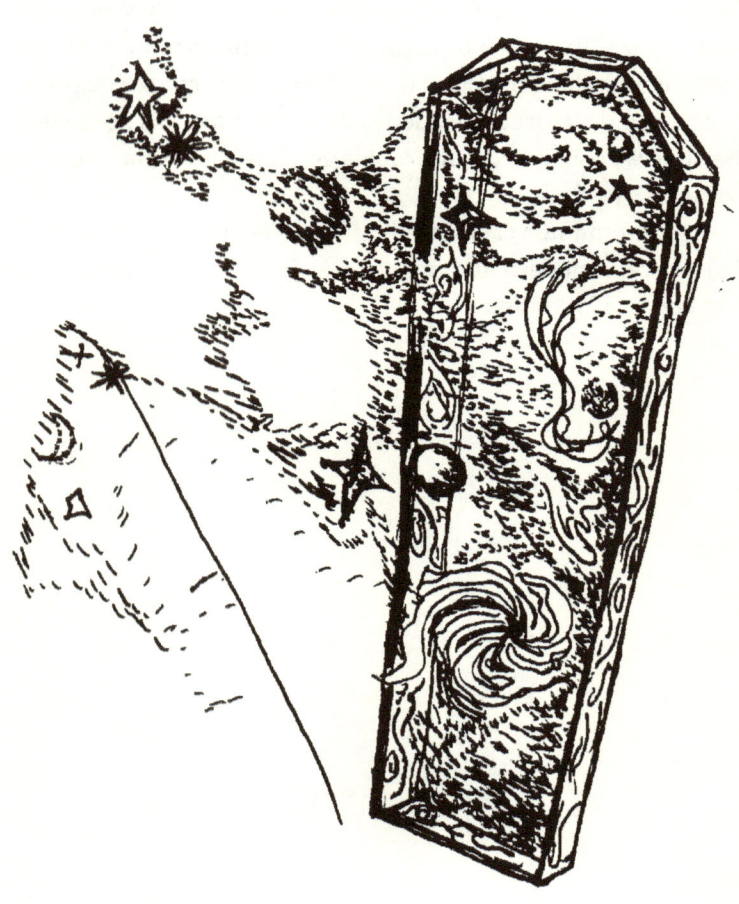

Cerco di precisare la psicologia dell'Egitto antico e moderno studiando il popolo quando si muove semi indifferente fra architetture statue sarcofaghi sacri e preziosi.

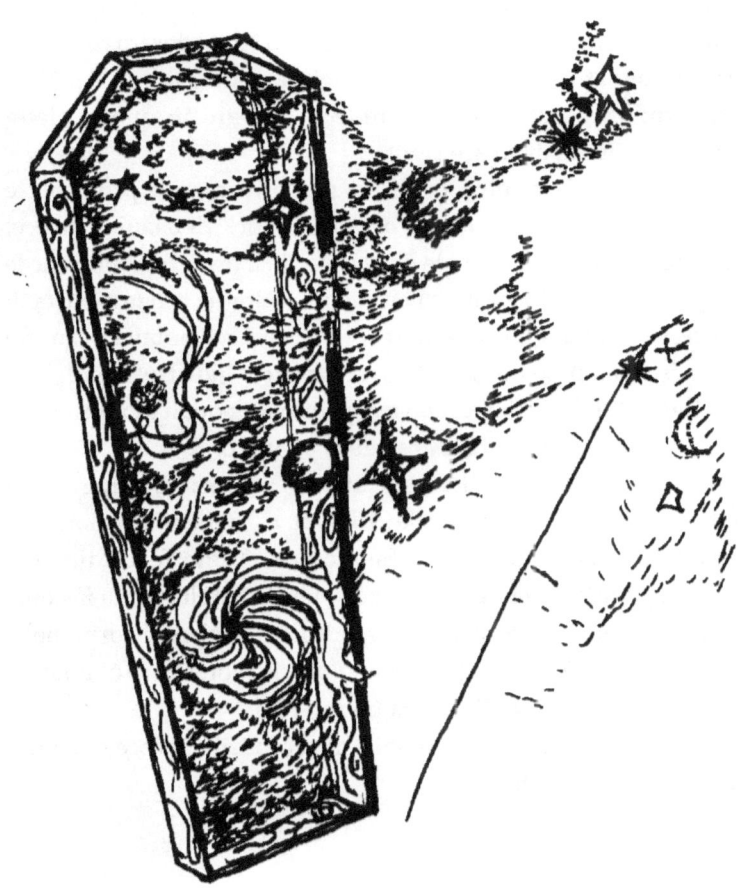

I try to clarify the psychology of ancient and modern Egypt by studying the people when they move, semi-indifferent, between the sacred and precious sarcophagus statues.

Il poeta Nelson Morpurgo, capo del Movimento Futurista egiziano, mi guida nel Museo di Alessandria. Siamo soli col passato nel silenzio odoroso di lana calda, salnitro e piante aromatiche. Lo rompe un fugato di vocine risatine e scalpiccio di piedi inquieti. È una frotta di scolare, occhi vesti sciarpe e veli neri; ma, bianche, le mani di camelia palpano e ripalpano maliziosamente la groppa enorme del Bue Api, adorato per le sue virtù fecondative. Come si beve religiosamente l'acqua del Nilo, cosi ogni giovanetta finge o crede di trovare in quella pietra venerata la forza di creare la vita.

I Greci e i Romani poco si curavano di questo problema e spesso abbandonavano i bambini; gli Egiziani, invece, disprezzavano e odiavano le donne sterili. E ormai stabilito che le Sfingi furono molto grattate per nutrire le donne con una pasta di sicura fecondità. Questo amore per la vita schiantava la morte stessa, sotto il peso del sarcofago completo e indistruttibile.

L'orgoglio dei Re continuava a governare popoli di mummie o vite bloccate, nelle cavità fastose delle piramidi.

Con una fervida solidarietà umana a forza di amore e di fraternità e, soprattutto, colla volontà di beffare la Morte, si organizzavano le società dei Sinmorenti. Tanto felici di avere insieme goduta una intera vita che volevano prolungarla insieme nel regno della Morte vinta. Prima di immortalare il corpo nelle bende imbevute di sale, lo avevano nutrito con carne di animali scelti per le loro speciali qualità trasfondibili.

Il bue laborioso e commestibile, il coccodrillo feroce e temuto venivano divinizzati.

The poet Nelson Morpurgo, head of the Egyptian Futurist Movement, guides me in the Museum of Alexandria. We are alone with the past in the fragrant silence of warm wool, saltpeter and aromatic plants. A fugue of little voices, giggles and the patter of restless feet breaks it. There is a crowd of schoolgirls, eyes wearing black scarves and veils; but their camellia-white hands astutely touch and re-grab the huge rump of the Ox Api, adored for its fecundating virtues. Just as the water of the Nile is drunk religiously, so too every young girl pretends or thinks she finds in that venerated stone the strength to create life.

The Greeks and Romans paid little attention to this problem and often abandoned children; the Egyptians, on the other hand, despised and hated sterile women. It is now established that the Sphinxes were scratched considerably to feed women with a paste of sure fecundity. This love of life crushed death itself, under the weight of the complete and indestructible sarcophagus.

The pride of the Kings continued to rule peoples of mummies and undead, in the sumptuous cavities of the pyramids.

With a fervent human solidarity, by dint of love and fraternity, and above all, with the will to mock Death, the *Sinmorenti* societies were organized. They were so happy to have enjoyed a whole life together that they wanted to prolong it together in the reign of the conquest of Death. Before immortalizing the body in salt-soaked bandages, they had fed it with meat from animals chosen for their special qualities of transfusion.

The hardworking and edible ox, the ferocious and feared crocodile were deified.

Una Colombaia Di Scarpe Carovaniere

A Colombaia of Caravaner Shoes

Questa ossessionante ideologia di immortalità mi accompagna mentre visito l'Università El Asra. Grande cortile chiuso da porticati. In fondo la moschea smarrisce nell'alto polverio solare cupola e minareto per offrire giù la penombra fresca delle sue stuoie. Atmosfera di alveare brulicante sotto le ogive numerose. Una ventina di gruppi studiosi.

Ognuno conta circa trenta allievi. Tutte le età. Fez e turbanti rossi e bianchi. Accovacciati, ascoltano intorno allo scanno su cui il professore, seduto colle gambe incrociate, parla facendo ondeggiare il tor so. Gli scolari ne imitano l' oscillazione, presi nel vento e nella cantilena nasale di quell'eterno commento del Corano. Cerchi concentrici di bisbigli e silenzi intorno alla pietra saggia che piomba di tanto in tanto.

Stagna l'odore dolciastro del cibo e purga di quei corpi che adorano la continuità degli sforzi eguali e ignorano l'avventura.

Nell'uscire dall'Università El Asra, notiamo una specie di colombaia di legno che contiene nelle sue cellette le scarpe e le ciabatte degli studenti. La polvere nostalgica di tutte le strade d'Africa e d'Asia che le tinge, dialoga con la vicina grande nicchia santa rivolta alla Mecca. Dramma sintetico d'oggetti muti che riassume l'immenso Islam.

This haunting ideology of immortality accompanies me as I visit El Asra University. I come into a large courtyard enclosed by arcades. Inside the mosque I am lost in the high solar dust dome and minaret, which offers down the cool twilight of its mats. A certain beehive atmosphere teems under the numerous ogive arches. Around each gather about twenty scholarly groups.

Each has about thirty students of every age. Each is adorned with a Fez, enclothed in a red and white turban. Squatting, they listen around the bench on which the professor, sitting with his legs crossed, talks, waving his torso. Schoolchildren imitate its oscillation, caught in the wind and the nasal chant of that eternal commentary from the Koran. Concentric circles of whispers and silences form around the wise stone that swoops from time to time.

The sweetish smell of food mixes with the perspirations of those bodies that adore the continuity of equal dispositions, and ignore adventure.

As we leave El Asra University, we notice a kind of wooden dovecote that contains students' shoes and slippers in its cells. The nostalgic dust of all the streets of Africa and Asia that dyes them, dialogues with the nearby great holy niche facing Mecca. Therein lies the synthetic drama of silent objects that sums up the immense Islam.

I Cannoni Inglesi Della Cittadella

The English Cannons of the Citadel

Se poi, nella veloce automobile, alzo la testa, la turrita Cittadella color deserto tenta subito colle punte dei suoi minareti di infilzare il fastidioso ronzio degli aviatori inglesi, pur continuando a puntare filosoficamente i suoi cannoni sull' angoscia silenziosa delle folle musulmane.

Contro la base calcarea dei muraglioni passano lentamente fluttuando, ma sembrano scolpite, antichissime teorie di cammelli che trasportano pietre per le costruzioni degli europei.

Strombettando corriamo tra le moschee decapitate, e la nostra velocità muove appena l'habara nero delle arabe che, ammucchiate davanti alla prigione, pazientano nello strame l'ora di visitare i loro cari rinchiusi dallo straniero.

Il Nilo. Ferme, stracotte dal sole, le dahabieh o casette galleggianti dormono lungo la riva, sotto palme ubriache di sonno. Quella obliqua. Queste abbracciate per non cadere. Il nuovo giardino di Ghesireh, verde geometria futurista-cubista di bossi tagliati a sfere coni cubi, contiene nella sua grande vasca di maiolica turchina tutta la frescura sognata dai deserti in marcia.

Splendido azzurro levigato del cielo vuoto. Cosa sperano mai di falciare quelle alte vele arcuate fra palme distratte e salici preganti? Il nazionalismo egiziano potrà presto realizzare il sogno di autonomia assoluta e entrare nella Società delle Nazioni come libero alleato amico di una Inghilterra sempre padrona dell'Alto Nilo e di una sponda del Canale di Suez?

Contraddizioni!

Ma gli ululati degli sciacalli desertici e dei gafir domestici non si armonizzano forse colla fluida eternità notturna del Nilo?

If, in the fast car, I raise my head, the turreted, desert-colored Citadel immediately attempts with the tips of its minarets to pierce the annoying hum of English aviators, while continuing to philosophically aim its guns on the silent anguish of Muslim crowds.

Against the limestone base of the walls, very ancient lines of camels transporting stones for the construction of Europe pass slowly, floating, but appear carved into the edifice.

We loudly run among the decapitated mosques, our speed barely disturbing the black *habara* of the Arabs who, piled up in front of the prison, wait in the hay to visit their loved ones locked up by the foreigner.

The Nile. Still, overcooked by the sun, the *dahabieh* or floating houses sleep along the shore, under palm trees drunk with sleep. They stand oblique. Bracing themselves so as not to fall. The new garden of Ghesireh, a green futurist-cubist geometry of boxwoods cut into spheres of cubic cones, contains in its large blue majolica tub all the coolness dreamed of in desert journeys.

There stands the gorgeous smooth blue of the empty sky. How do they hope to mow down those high arched sails between distracted palms and praying willows? Will Egyptian nationalism soon realize the dream of absolute autonomy and enter the League of Nations as a free ally and friend of England that has always been the master of the Upper Nile and a bank of the Suez Canal?

What contradictions!

But do not the howls of desert jackals and domestic feral dogs harmonize with the fluid nocturnal eternity of the Nile?

Teatralità Senza Teatro

Altrettanti contrasti drammatici di immagini idee colori ritmi voci sentimenti avrebbero dovuto da tempo organizzarsi letterariamente sul palcoscenico, e formare un Teatro egiziano. Questo, invece, non esiste ancora. Appena appena albeggia.

Oltre al Teatro europeo tradotto in arabo e che oggi costituisce il repertorio, vi sono le opere teatrali di Joussef Wahby, Mohamed Teymour, Antoun Yazbak, Ibrahim.

Nel marzo 1923 Joussef Wahby fondò la sua Compagnia Ramses che, da abile capitalista capocomico e primo attore, portò trionfalmente in tutto l'Egitto, nella Siria, nella Tunisia e nell' Algeria.

Il Teatro storico ha il suo poeta: Sciauki, celebre autore di Cleopatra, e un'attrice: Fatma Marusc. Questa artista giovane bella intelligente e sensibile offre appassionatamente al pubblico arabo, oltre le languide modulazioni del suo pianto sul cadavere di Antonio, anche una agile e voluttuosa schiena nuda. Autentica rivoluzione nei costumi musulmani.

Theater without Theater

As many dramatic contrasts, of images, ideas, colors, rhythms, voices, feelings, should long ago have been given a literal place on the stage and formed into an Egyptian Theater. This, however, does not yet exist. This dawn will soon arrive.

In addition to the European Theater translated into Arabic, which today constitutes the primary repertoire, there are the plays by Joussef Wahby, Mohamed Teymour, Antoun Yazbak, Ibrahim.

In March 1923, Joussef Wahby founded his Ramses Company which, as a skilled capitalist boss and leading actor, he triumphantly brought all over Egypt, Syria, Tunisia and Algeria.

The historic theater has its own poet: Sciauki, the famous author of *Cleopatra*, and an actress: Fatma Marusc. This young, beautiful, intelligent and sensitive artist passionately offers the Arab public, in addition to the languid modulations of her crying over Antonio's corpse, also an agile and voluptuous bare back — an authentic revolution in Muslim customs.

Gli attori migliori sono Zaki Telemat, Azis Eid, Joussef Wahby, Georges Abid. Fra tutti brillano Neghib Rihani che ha creato scene originali, Ramzy, Abdel Rahman Rouchdi, Ibrahim el Masri, Mahmoud Kamel, Ismail Sobry, Aly Labib.

Questi attori tentano di creare un Teatro tipicamente nazionale in egiziano corrente, abbandonando la lingua classica.

Vi sono sforzi errati come quello dell'attore Zaki Telemat che sogna un Teatro di riviste storiche da offrire al pubblico parigino e un tipo: Kish Kish bey, personificazione della bonaria ironia popolare.

Colla stessa formula di caricatura si manifesta l'attore-autore Aly Kassar.

The best actors are Zaki Telemat, Azis Eid, Joussef Wahby, Georges Abid. Among them all stand out: Neghib Rihani who created original scenes, Ramzy, Abdel Rahman Rouchdi, Ibrahim el Masri, Mahmoud Kamel, Ismail Sobry, Aly Labib.

These actors try to create a typically national theater in modern Egyptian, abandoning the classical language.

There are erroneous efforts, like that of the actor Zaki Telemat who dreams of a Theater of historical magazines to offer to the Parisian public, and of another type: Kish Kish bey, the personification of the good-natured vulgar irony.

The actor-author Aly Kassar manifests himself with the same caricature formula.

Simultaneità Africane D'un Aviatore Negro

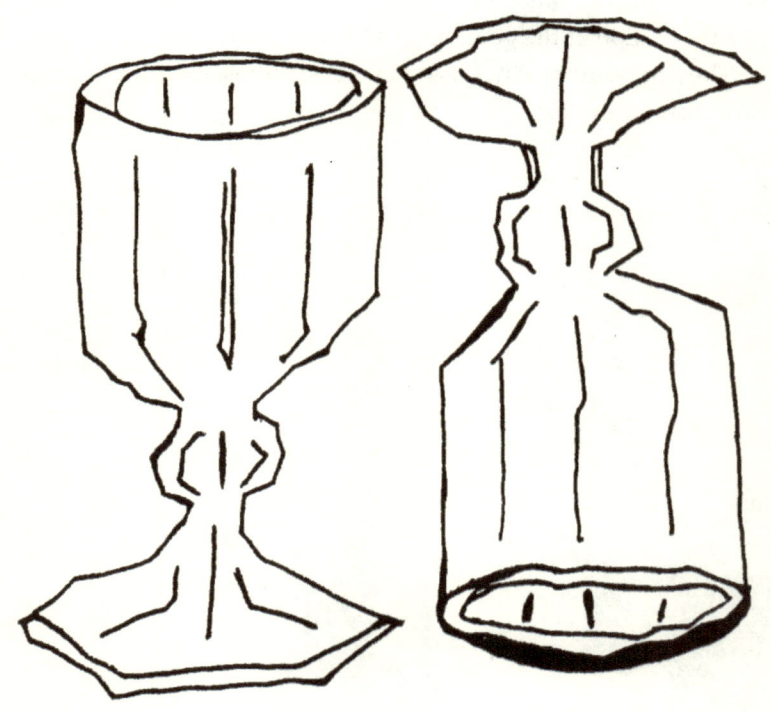

An African Simulation of a Negro Aviator

Dove sono? Alto Egitto? Interno tunisino? No! In realtà questa automobile taglia la pianura tunisina ma simultaneamente divide Assuan dal Nilo che porta a galla una Elefantina simile ad un immenso ananas! Ora melagrani bananeti palmeti intensificano con furia tronchi e fogliami a matasse sotto queste ruote che corrono, insieme frenate e libere, nella sterminata pianura tunisina, rimescolandola eccentricamente. Sulla faccia brutalmente il vento dominatore mi sputa lezioni mugolanti contro le nostre rapide riprese in quarta. Si proiettano verso l'arco dell'orizzonte fughe di vigneti giallo-verdi che sembrano portare ognuno in cresta il triangolo ambizioso di un cammello: solennemente questo trascina dietro un piccolo aratro, simile a un giocattolo rotto. Ora, anche dipinge col muso altissimo la volta del cielo. Folte siepi di dhis simili a grovigli di reticolati rugginosi difendono dagli assalti del vento predone la vertebrata armatura pipistrellesca dei villaggi i cui copertoni bufali asini cani e galli fangosi vivono una loro grassa vita marrone.

Ecco, gonfiandosi a poco a poco, la pianura partorisce davanti a noi Keruan, bianca, cinta di agili e snodatissime mura merlettate. Cupole ovoidali rigate perpendicolarmente, simili a candidi frutti succosi, si alternano graziosamente con le truci torri quadrate dei minareti carichi di guerra più che di preghiere. Dai loro balconcini la città mi sembra un immenso campionario di scatoloni vuoti e pesanti coperchi rovesciati. Terrazze d'argento polveroso. Cortili bluastri. Viuzze d'indaco vellutato.

Domino la scoperchiata geometria degli intestini del deserto tutta cubi sfere triangoli coni di vesciche muscoli nervi calcificati. Alte scintille d'oro verde guizzano sui merli delle mura che paiono grondare d'un torrido latte azzurro. L'atmosfera rovente rimpinza di piombo e lana calda le mie gambe e la mia schiena mentre procedo lentamente nel profondo e tortuoso forno crematorio della viuzza. Avanza un viluppo nero di stoffa forse donna. Nella polvere, senza rumore, essa passando mi ha certamente guardato da un forellino del suo tenebroso sipario.

Where am I? Upper Egypt? Tunisian interior? No! In reality this car cuts the Tunisian plain but at the same time divides Aswan from the Nile, which brings to the surface an elephantine hill like an immense pineapple! Now pomegranates, banana groves, palm groves intensify with furious trunks and foliage in skeins under these wheels that run, at the same time brake and loosen, in the endless Tunisian plain, stirring it eccentrically. On my face the dominating wind brutally blasts moaning lessons against our rapid quarter-notes. Bursts of yellow-green vineyards project towards the arch of the horizon, each seeming to carry the ambitious triangle of a camel on its crest: which solemnly drags behind it a small plow, like a broken toy. Now, he paints the vault of the sky with a raised muzzle. Thick hedges of a vineyard, like tangles of rusty fences, defend the vertebrate bat-like armor of the villages, whose tires, buffalo, donkeys, dogs, and muddy roosters live a fat brown life defended from the onslaught of the wind.

Here, gradually swelling, the plain gives birth to Kerouan, white, surrounded by agile and intricately articulated lacy walls. Ovoid domes lined perpendicularly, similar to white juicy fruits, gracefully alternate with the grim square towers of minarets loaded with war rather than prayers. From their balconies the city seems to me an immense collection of empty boxes and heavy overturned lids. Cropped with terraces of dusty silver, pocketed with bluish courtyards and velvety indigo alleys.

I tower over the uncovered geometrical shapes of the desert intestines, all cubes, spheres, triangles, cones of blisters, muscles, and nerves, all calcified. High sparks of green-gold flicker on the battlements of the walls that seem to be dripping with a torrid blue milk. The hot atmosphere stuffs my legs and back with lead and warm wool as I slowly proceed through the deep and winding crematorium into the alley. A black tangle of fabric, perhaps a woman, is advancing. In the dust, without noise, as she passed she certainly looked at me from a small hole in her dark curtain.

Pure teatralmente, a sinistra, impacchettato nei baracani, un mucchio d'arabo o arabi, fulminato dal sonno, cuoce: bollito di ossa carne kusskuss, fave rughe peli sudore sterco. Il tutto, a puntino servito in una nicchia abbacinante delle mura.

L'alto cratere riverso del sole precipita giù una lava omicida che m'insegue nel buco fondo di un caffè a trappola: invece del fresco desiderato ricevo nelle nari puzzi mosche e nausee di muffa olio rancido cannella vaniglia gaggia carrube ceci sudore incenso ammoniaca anice gelsomino e cloaca. Fortunatamente una tazza di verbena mi lubrifica il cervello affocato fra uno sciacquio di tazze e una voce tunisina francese che narra:

"La prima parte del film che sto girando si svolge sulle acque grasse del Nilo in dahabieh, la seconda fra due montagne di balle di cotone arroventate dal sole in agosto, la terza a Costantina. E una città originale e rumorosa. Molto da fare per il sonoro! Ogni mattina ci svegliava un giocondo vocio di bovari galli asini capre buoi. Un grande albergo a picco sopra delle locandacce di nomadi i cui grandi cortili contengono fieno immondizie cani cammelli oche becchi piccioni. Eleganti cicogne distratte imperano sui tegoli rossi dei tetti bassi che sembrano masticare e spremere al passaggio le carovane di bestiame contadinume e cenci umani acciabattanti. Il panorama è splendido e si presta a tutto! Otterremo un potente effetto cinematografico colla massa di casupole sbilenche e chiazzate di turchino che spancia a sinistra mal trattenuta dal tondo viadotto montato su archi snelli. La scena capitale si svolgerà in un'automobile lanciata a grande velocità su questo viadotto che scavalca la valle profonda del Rummel scompigliando i lenti fumi violacei che salgono dalle case pennellate di blu."

"Qui si crepa!" borbotta un aviatore negro. "Keruan è la città della lenta morte nella calce viva! Sono stanco di cuocere nell' olio come una frittella. Bisogna volare verso le oasi. Ieri, all'alba, sono partito dal Cairo, col mio piccolo aeroplano da turismo. Sorvolai la Tripolitania e la Tunisia e puntai su El Kantara. Che pantomima aerea! Due immense ondate di calcare granito e sabbia, dopo

Even theatrically, on the left, packed in the shacks, a heap of Arabs or Bedouin, struck by sleep, cooked: boiled couscous, meat bones, broad beans and sweets. All this, served to perfection in a dazzling niche in the walls.

The high inverted crater of the sun tumbles down a murderous lava that chases me into the trapdoor of a cellar café: instead of the desired coolness, I receive in my nostrils stink flies and sickness of mold rancid with oil, cinnamon, vanilla, gaggia, carob, chickpeas, sweat, incense, ammonia, anise, jasmine, and cloaca. Fortunately, a cup of vervain lubricates my choked brain between a rinsing of cups and a French Tunisian voice that narrates:

"The first part of the film I'm shooting takes place on the oily waters of the Nile in Dahabieh, the second between two mountains of cotton bales heated by the August sun, the third in Constantina. It is a crude and noisy city. A lot to do for the sound! Every morning we were awakened by a cheerful shouting of cattlemen, roosters, donkeys, goats, and oxen. A large hotel overlooking the inns of nomads whose large courtyards contain hay, garbage, dogs, camels, geese, pigeons. Elegant and absentminded storks dominate the red tiles of the low roofs that seem to chew and squeeze the caravans of peasant cattle and human rags as they pass. The view is splendid and lends itself to everything! We will obtain a powerful cinematic effect with the mass of lopsided and blue-flecked huts that bulge to the left badly, held by the round viaduct mounted on slender arches. The capital scene will take place in a car launched at high speed on this viaduct that crosses the deep valley of the Rummel, ruffling the slow purple fumes that rise from the blue-brushed houses."

"Here it cracks!" mutters a black aviator. "Kerouan is the city of slow death in quicklime! I'm tired of cooking in oil like a pancake. You have to fly to the oases. Yesterday, at dawn, I left Cairo with my little touring plane. I flew over Tripolitania and Tunisia and headed for El Kantara. What an aerial pantomime! Two immense waves of limestone, granite and sand, after floating in the sky in front of me, during half an hour of flight, suddenly

avere fluttuato davanti a me nel cielo, durante mezz'ora di volo, parvero subitamente pietrificare i loro canaloni convulsi. Volevano sbarrarmi l'accesso del deserto! Ma Ercole aveva per me, certo per me, sfondato quel muro col suo calcio leggendario. Passai a cento metri d'altezza nel varco mentre diecimila palme vi si affollavano, presto presto, dinamizzando i roteanti ingranaggi dei loro ciuffi, ansiose di fuggire il simun e tenendo tutte per mano il filo d'acqua dell'uadi paterno che le guida...

"Verso Biskra sorvolai alti cortei di beduini agricoltori che vanno a lavorare la terra degli altri per poter lavorar la propria. Ondeggiamento dei cammelli carichi di tende stoviglie bambini. In vetta dei più alti oscillano le donne ricche sotto baldacchini di seta vermiglia: ognuna porta in sella al fianco la gallina bianca preferita o il cane bianco villoso fedele addormentato. Statuette di bronzo nero su pomposi piedestalli marcianti. Fra le pieghe del deserto greggi di pecore bianche si rivelano per il rosso solferino che contrassegna tutte le teste. Sempre in cerca di fresco ho finalmente trovato l'uadi di BuSaada incassato coi suoi orti di smeraldo tra muraglioni di calcare arancione. Atterrai davanti all'A lbergo El Caid in un tramonto di serica sabbia rosa. L' albergo era colmo di turisti e, nell'oasi, sotto la tenda araba marrone rigata di scarlatto, si dorme male! Senza una bella algerina al fianco! Le grosse stelle e la mezzaluna pesano sui ciuffi delle palme. Il sonno lotta contro l'ululare rissoso dei cani, il tinnire degli insetti e degli uccelli notturni che gemono e rodono le corteccie. Ma appena la luna spari dietro le dune le delizie del Paradiso invasero l'oasi con una brezza melodiosa che mise in moto gli infiniti pennacchi delle palme; e questi tutti affaccendati a baciarsi e ribaciarsi voluttuosamente diffusero una polifonia di fruscii soavissimi e serpeggianti crepitii illusori. Scie marine? Pioggia e grandine con sordina? Malgrado la stanchezza il mio cuore intenerito vigilava come l' unico isolotto di quell'infinito oceano di foglie beate. Sono ripartito in volo fra i gridi e i raggi obliqui di un sole pieno, come un nido, di uccelli rossi. Sulle labbra dei metalli dell' apparecchio, l'aurora era un gelato di fragola alla vaniglia."

seemed to petrify their convulsive gullies. They wanted to bar me from entering the desert! But Hercules had for me, and certainly for me, broken through that wall with his legendary football. I passed a hundred meters high in the passage while ten thousand palm trees crowded into it, dynamiting the spinning gears of their tufts, anxious to escape the solar flame and pulling all together the stream of water of the paternal *wadi* that guides them...

"Towards Biskra I flew over high parades of Bedouin farmers who go to work the land of others in order to work their own. I see the swaying of camels loaded with tents, crockery, children. At the top of the tallest, rich women swing under canopies of vermilion silk: each one carries on her side the favorite white hen or the faithful sleeping white-furred dog. They seem like black bronze statuettes on pompous marching pedestals. Among the folds of the desert, flocks of white sheep are revealed by the red *solferino* that marks all their heads. Always in search of fresh sands, I finally found the BuSaada *wadi* with its emerald gardens between walls of orange limestone. You will land in front of the El Caid hotel in a sunset of silky pink sand. The hotel was full of tourists and, in the oasis, under the brown Arab tent lined with scarlet, you sleep badly! Without a beautiful Algerian by your side! The large stars and the crescent weigh on the tufts of the palms. Sleep fights against the quarrelsome howling of dogs, aided by the tinnitus of insects and nocturnal birds that groan and gnaw on the barks. But as soon as the moon disappeared behind the dunes, the delights of Paradise invaded the oasis with a melodious breeze that set the infinite plumes of palm trees in motion; and these palms were all busy kissing, and kissing voluptuously, spreading a polyphony of the sweetest rustles and meandering illusory crackles. Watery ripples? Perhaps rain and hail? Despite my tiredness, my softened heart as I watched the only islet of that infinite ocean of blissful leaves. I flew off amidst the cries and slanting rays of a full sun, like a nest of red birds. On the lips of this metallic apparatus, the dawn was a vanilla strawberry ice cream."

Il racconto dell'aviatore negro mi diede una voglia acuta di uscire all'aperto. Chiusa invece dall'afa era più che mai Keruan: una viuzza mi conduce fuori dalle mura. Nel verde dei prati dormono mandre di tombe e pecore mescolate. Soave musica ferma di pietre sangue midolli ossa e velli. Accordo prolungato. Eternità.

L 'andante molle cadenzato dell'automobile che mi porta via da Keruan accelera lo snodarsi febbrile e impudico della sua casta cintura di mura merlettate. Bruscamente, dietro di loro, si appiatta il quadrato guerriero delle case, ansiose di sfuggire l'ardente fucileria delle stelle e relativi mirini d'argento.

Nella limpida sera ottimista, sotto le mura già lontane, una profumata caduta di molli cimiteri simili a fiori di gelsomino e caprifoglio strappati dal vento in un giardino celeste.

Altri cimiteri disseminati. Questi mi appaiono realmente come candidi latticini di cammelle esposti, per meglio conservarli, al fresco della notte.

The tale of the black aviator gave me an acute desire to go out into the open. On the other hand, closed by the heat, a lane leads me outside the walls. In the green of the meadows sleep herds of graves and mixed sheep. Soft still music of stones, blood, marrows, bones and fleeces. Among the graves was harmony. Beyond, there stood eternity.

The soft rhythm of the car that takes me away from Kerouan accelerates the feverish and shameless unwinding of its chaste sash of lacy walls. Abruptly, behind them, the warrior square of the houses flattens out, anxious to escape the brilliant shooting of the stars and their silver sights.

In the clear optimistic evening, under the already distant walls, a fragrant fall of soft ashes, like jasmine and honeysuckle flowers, were torn by the wind in a heavenly garden.

The ashes scattered. They appear to me like the white milk of camels, left out to cool in the chill of the night.

www.ingramcontent.com/pod-product-compliance
Lightning Source LLC
Chambersburg PA
CBHW031428120626
46545CB00006B/2310